Maria Lanckorońska · Li(e)ber Beda

Maria Lanckorońska

LI(E)BER BEDA

Memoiren einer Individualistin

Verlag Waldemar Kramer, Frankfurt am Main

 ISBN 3-7829-0196-7.

Umschlagbild nach einer Porträtzeichnung von Klaus Meyer-Gasters.
Zeichnung auf Seite 63 von Karl Molzahn.
Einbandentwurf von Joachim Romann.
Satz: LibriSatz, Kriftel/Ts.
Druck von W. Kramer & Co. oHG in Frankfurt am Main.

Inhalt

Vorwort

Diese Memoiren einer Individualistin spiegeln ein halbes Jahrhundert deutscher Kultur. Sie beginnen in der Welt des Kapitalismus und des selbstsicheren Bürgertums. Sie enden in einer Zeit der Massenbewegung und des Sozialismus. Dazwischen lag der inhumane Versuch eines Stümpers, die Welt zu reformieren, der an falscher Stelle angesetzt wurde. Noch sind die Massen eine unförmige, ungegliederte Lebensform der Völker. Doch etwas hat sein absolutes Ende gefunden: der Individualismus.

Um diesen Unterschied des Ich und des Wir klar herauszustellen, war es notwendig, das Erzählte in der Ichform zu berichten. Dabei ist versucht worden, das Individuelle so wiederzugeben, wie es als Zeitdokument Gewicht hat. Alles Zeitgeschehen ist zugleich Kulturbild. Mit dem Individualismus erlischt die Kultur dieses halben Jahrhunderts.

Maria Lanckorońska

Der blaue Säugling

Da lag es nun, das schrumplige Bündelchen, und schrie aus kümmerlichen Leibeskräften. Es schrie vom ersten Augenblick seines Lebens bis zum heutigen Tage, unverständlich und verständlich, unverstanden und verstanden: Nein danke, lieber nicht!

Es hätte ein Bub werden sollen, aber es war unbestreitbar ein winziges Mädchen, was da so lange angab, bis das mitgenommene Elternpaar dem blaugebrüllten Säugling den Geistlichen holte, der die Nottaufe vornahm. Ernst Emanuel hätte es heißen sollen – aber Ernestine Emanuela schien für das Häufchen Elend zu pompös. So griff man zum nächstliegenden und taufte mich auf den Mutternamen Anna, den Großmutternamen Maria und, einer vorgesehenen Patentante zu Ehren, Isabella – ein wahrer Hohn auf das brüllende Fleischklümpchen.

Das war der Anfang, und so ging es weiter! Glücklicherweise folgten dem mißglückten Erstling in gebührenden Abständen zwei Knaben, und mit diesen versuchte man, mich großzuziehen. Aber während die beiden Buben munter gediehen, wurde aus mir trotz deutscher Amme und englischer Nurse, trotz sorgfältigster Pflege nichts Rechtes. Sobald man mir feste Nahrung anbot, spuckte ich selbige, getreu meinem inneren Lebenswiderstand, in weitem Bogen von mir. Die konsultierten Ärzte, darunter Familienmitglieder, verordneten bald dies, bald jenes, und in Abständen von zwei Stunden offerierte man mir Eßbares – völlig vergeblich, nur Flüssiges nahm ich willig zu mir. Der alte Onkel Jakob, Sanitätsrat seines Zeichens, kam und schüttelte bedenklich den Kopf, sein Sohn August erheiterte mich mit allerlei Schnickschnack, und sobald er mich bei fröhlichster Laune hatte, suchte er mir löffelweise feste Nahrung einzuflößen. Ich war ein braves Kind und schluckte, was man mir vorsetzte. Spätestens nach einer Stunde erfolgte getreu meinem Wahlspruch die Rücklieferung. Da die Familienärzte der mütterlichen Seite bei mir so kläglich Schiffbruch erlitten, ging man zur Fakultät der Gegenseite über, was heißen soll, von den Hugenottenabkömmlingen zu den Heilkundigen des Orients, deren einer nach Anhören der elterlichen Klagelieder mich also anließ: »Kind, zeig mir mal deine Zähne.« Nach Häckerchen-Beschau erklärte er: »Ja, mit solchen Mauszähnchen, die noch im Kiefer stecken, kann die Kleine nicht kauen, folglich die in Brocken geschluckte Nahrung auch nicht verdauen«, und verordnete mir den Zahnarzt, der innerhalb eines Jahres die Halbzähne mittels ingeniöser Maßnahmen in ganz normale Kauwerkzeuge verwandelte. Fortan war die Essensfrage gelöst. Das war meine erste Begegnung mit der Weisheit des Orients!

Wer war wer?

Hugenotten und Orientalen – welcher von beiden Vorfahrenslinien verdankte der blaue Säugling die Fähigkeit zum frühen Protest, zum hartnäckigen »Nein danke, lieber nicht«?

Meine mütterliche Familie stammt aus Tournai, flämisch Doornijk genannt, an der Schelde, in der alten Landschaft Hennegau gelegen und eine der ältesten, schon zur Römerzeit bewohnten Städte des heutigen Belgien. Bis zu Chlodwig war hier die Residenz der Merowingerkönige. Später wurden Stadt und Festung häufig zum Zankapfel zwischen den jeweiligen Besitzern Flanderns und den Franzosen. Die Teppichwirkerei von Tournai erreichte ihre höchste Blüte im 15. Jahrhundert. Der erste de Bary in Tournai wird urkundlich 1177 erwähnt. Von 1223 an gibt es eine ununterbrochene Geschlechterfolge bis zur Gegenwart, zuerst in Tournai, vom 16. Jahrhundert an in Deutschland. Die de Barys, um ihres Glaubens willen von der Schelde an den Main gezogen, wurden »Bürger und Handelsmänner« in Frankfurt am Main, im 19. Jahrhundert auch Bankiers. Durch Heiraten wurden sie mit vielen altfrankfurter Familien verwandt und haben sich auch um das Kulturleben der Stadt verdient gemacht. Näheres darüber ist nachzuschlagen in dem Folianten: »Geschichte des uradligen Hauses de Bary 1223–1903« von Prof. Dr. Friedrich Clemens Ebrard und Dr. Heinrich von Nathusius-Neinstedt, 1904 in Frankfurt erschienen, und in Herbert de Barys »Beiträgen zur Genealogie altfrankfurter Familien« (Frankfurt, 1922).

Der erste Wertheimber aus meiner väterlichen Familie erscheint etwas später als der erste de Bary. Er ist in einer Einladung der Wiener »Frommen Brüderschaft« genannt, die ins Jahr 1320 datiert wird. Ursprünglich saß die Familie, wie der Name besagt, in Wertheim am Main. Dann übersiedelte sie nach Worms. Dort befinden sich, auf dem alten jüdischen Friedhof, ihre Grabsteine, und dort wurde auch der berühmteste Sohn der Familie 1658 geboren, Samson Wertheimber. Er kam 1677 nach Wien, nahm hier 1684 seinen ständigen Wohnsitz und liierte sich zunächst mit dem kaiserlichen Oberhoffaktor Samuel Oppenheimer, der die Lieferungen für die in Ungarn und am Rhein operierenden Armeen in der Hand hatte, »Proviant, Munition, Montierung und Remontierung.« Von 1686 an trat Samson Wertheimber direkt in kaiserliche Dienste, wurde nach dem Tod Oppenheimers, mit dessen Familie sich die seinige versippt hatte, selbst Oberhoffaktor und damit Finanzier und Lieferant nicht nur des Kaiserhofes sondern auch der österreichischen Länder und Armeen und damit »stiller Bundesgenosse und Förderer der glänzenden Waffentaten Prinz Eugens«, dem er auch 1714 bis 1717 das kaiserliche Ehrengeschenk von 400 000 Gulden auszahlte. Nebenbei war er Oberfaktor von Kurmainz, Kurtrier, Kurpfalz und Kursachsen. Kaiser Leopold I. verlieh ihm 1703 einen Schutzbrief für zwanzig Jahre, der ihm freie Religionsausübung, unbehinderten Verkehr und Aufenthalt im ganzen Reich und Freiheit von allen Abgaben und Steuern gewährte, und dieses Privileg wurde von den folgenden Kaisern, Josef I. und Karl VI., bestätigt und erweitert. Bei der Kaiserkrönung Karls VI., 1711, in Frankfurt waren Samson Wertheimber und sein Sohn Wolf anwesend, und der neugekrönte Kaiser verehrte seinem Oberhoffaktor eine goldene Kette. Ja, mehr noch: Wertheimber erhielt vor seinem Wiener Palais eine ständige Wache von zehn österreichischen Soldaten, und im Volksmund nannte man ihn seither den »Judenkaiser«.

In Frankfurt erwarb Samson Wertheimber die Häuser »Zur silbernen Kanne« und »Zur weißen Rose«, und er konnte, unterstützt von Josef I. und Karl VI., nach siebenjährigem zähem Kampf mit dem Frankfurter Rat sogar einen vor der Judenmauer gelegenen, für teures Geld erworbenen Bleichgarten in Besitz nehmen. Für das gesamte Frankfurter Judentum, das seit Kaiser Karl IV. an die Stadt verpfändet war und nur an sie Abgaben zu leisten hatte, wurde er eine Art Ehrenprotektor und sorgte dafür, daß seine durch zwei große Brände ohnehin schwer heimgesuchten Glaubensgenossen nicht noch zusätzlich von den Kaisern geschröpft wurden.

Ein erfolgreicher Finanz- und Geschäftsmann also? Gewiß, aber auch mehr. Samson Wertheimber war rabbinisch gebildet, hatte in seinem stattlichen Wiener Haus eine eigene Synagoge, wurde vom Kaiser als privilegierter Rabbiner in dessen Erbkönigreichen und Landen eingesetzt, war Landesrabbiner von Ungarn und Ehrenrabbiner seiner Heimatstadt Worms. In Worms wollte er auch eine Talmudschule einrichten. Als dies durch den Spanischen Erbfolgekrieg verhindert wurde, kam das Lehrhaus, die »Klaus« genannt, nach Frankfurt.

Ich halte das alles hier nicht etwa fest, um mit meinen Vorfahren zu prunken und zu protzen. Zuweilen, und gerade im Alter, fragt man sich jedoch, was man ihnen verdankt, was sie einem im Blut vererbt haben. Vielleicht hat sich bei mir das vom Glaubenseifer getragene hugenottische »Résistez!« in ein profanes, vom Selbsterhaltungswillen bestimmtes »Nein danke, lieber nicht!« verwandelt. Von Samson Wertheimber könnte mir die Liebe zum Geistigen, zur Literatur und den Büchern überkommen sein. Er war ein großer Förderer der Gelehrsamkeit und der jüdischen Literatur. Die Krönung seines Mäzenatentums war die Frankfurter Ausgabe des Babylonischen Talmud, die 1721 – 1723 durch den Rabbi Jehuda Löb besorgt wurde, aber erst 1753 die Zensur passierte. Vermerkt zu werden verdient schließlich auch, daß Samson Wertheimber im Jahre 1700 mit kaiserlicher Unterstützung die Veröffentlichung eines teilweise antijüdischen Werkes von Johann Andreas Eisenmenger, einem Heidelberger reformierten Professor, verhindern konnte; das »Entdeckte Judentum« wurde erst 1741 freigegeben.

Damals war Wertheimber schon tot, im August 1724 verstorben und auf dem Wiener jüdischen Friedhof beigesetzt. Seine Nachkommen riefen die von ihm noch geplanten »Wertheimberschen Familienstiftungen« ins Leben. Er selbst hatte auch sonst nichts versäumt; auch den alten jüdischen Friedhof in Wertheim hatte er erweitern und mit einer Mauer umgeben lassen. Memoiren hat er nicht hinterlassen, wohl aber einen Band mit Thorastudien und Predigten und dazu eine Strafrede, in der er sich gegen den Besuch der Wiener »Kaffeehäusel« wandte. Der Wiener Professor Dr. David Kaufmann hat in verschiedenen, seit 1888 veröffentlichten Büchern und Schriften das Leben des Oberhoffaktors dargestellt, die wichtigsten Urkunden publiziert und seine Beziehungen zu Frankfurt, insbesondere auch seinen langjährigen Streit mit dem Frankfurter Rat, geschildert. Die Schreibweise des Namens wechselte damals zwischen »Wertheimber« und »Wertheimer«. Meine väterliche Familie hat die ältere Form »Wertheimber« beibehalten und führt diesen Namen auch heute noch weiter.

Im 19. Jahrhundert kehrten die Werheimbers zum Teil in den rhein-mainischen Raum zurück. Was sie in Frankfurt gebaut haben, vom sogenannten »Schopenhauer-Haus« an der Schönen Aussicht bis zum großen Haus meines Vaters an der Zeppelinallee, ist im Zweiten Weltkrieg untergegangen. Ihr Übertritt vom Judentum zur reformierten Kirche mag darin begründet sein, daß sie sich dem Volk, unter dem sie seit Jahrhunderten gewohnt hatten und dem sie sich zugehörig fühlten, völlig angleichen wollten. Wie und warum dieser Versuch scheiterte, weiß man.

Das Leben eines Menschen wird freilich nicht nur von seinen Vorfahren bestimmt, er kann aus eigener Kraft das werden, was der Frankfurter Goethe als »höchstes Glück der Erdenkinder« bezeichnet hat: eine Persönlichkeit. Wie meine Erziehung verlief und wie ich schließlich meine Selbsterziehung in die Hand nahm, um ein aktiver, tätiger Mensch zu werden und etwas zu leisten, das soll in den folgenden Kapiteln erzählt werden.

Erziehung

Trotz bester Ernährung und sorgfältigster körperlicher Pflege: ein Kümmerling war ich, und ein Kümmerling blieb ich. Leichte Kleidung im Sommer, warme Kleidung im Winter und so viele Strümpfe, Socken und Schals als Einpack, so viel Mahnworte menschlicher Mächte mir zuteil wurden, in deutschen wie in fremden Sprachen, die ich spielend erlernte und noch vor dem schulpflichtigen Alter beherrschte, ich sagte mit meinem ganzen Wesen nur immer: »Nein danke, lieber nicht.« Man versuchte es mit sportlichen Übungen, die meine Brüder unter der Anleitung eines Feldwebels auszuführen bestrebt waren. Gehorsam kletterte ich auf Leitern hoch und rutschte sie wieder herunter, gehorsam stieg ich aufs Fahrrad, gehorsam besuchte ich das Schwimmbad und ließ mich am Leitseil führen, gehorsam, aber nie ganz dabei.

Man begriff schließlich, daß dies alles keinen Zweck hatte und daß man wohl besser daran täte, für mich einen Hauslehrer zu engagieren, statt mich die Schule besuchen zu lassen, da meine Konstitution zu schwach war, um einem fortgesetzten, stundenlangen Unterricht zu folgen.

Man fand in einem ehrenwerten Realschullehrer die geeignete Kraft, um mich in Rechnen, Naturgeschichte, Geschichte und Geographie zu unterrichten, derweilen meine Brüder das beste humanistische Gymnasium besuchten. Gelangweilt folgte ich den Darlegungen meines reichlich trockenen, doch kreuzbraven Lehrers, der sich ebenso langweilte und zu meinem unvergeßlichen Entsetzen mittels eines Taschenmessers gleichzeitig die Fingernägel reinigte. Häufig endete die in vier Viertelstunden eingeteilte tägliche Lehrstunde damit, daß ich halb ohnmächtig auf mein Bett getragen wurde. Da Geographie das letzte Viertel des Unterrichts ausfüllte, ist hierin der Grund zu suchen, warum ich bis zum heutigen Tage ungenügend in Geographie bin!

Die Vorschulklassen absolvierte ich auf diese Art, dann aber ging es so nicht weiter, und der Besuch der höheren Töchterschule eines Instituts für Mehrbemittelt-Minderbegabte wurde als Notwendigkeit ins Auge gefaßt. Dazu bedurfte es in erster Linie einer Gouvernante, die mich in die Schule begleitete und auch wieder nach Hause beförderte. Da mein Vater viel von englischer Erziehung hielt, kam eine entsprechende ältere Person, sehr ladylike, ins Haus. Ihr unvergessenes Verdienst war es, daß sie mir drei Lebensregeln einpflanzte, die mich bis zum heutigen Tage begleiten: »Never ask questions, never talk names and never bother about other peoples private affairs!« (Stelle nie Fragen, nenne nie Namen und kümmere dich nie um anderer Leute Privatangelegenheiten!) Ansonsten läßt sich von ihr nur sagen: »She was a dear«, denn zumeist saß sie, mit Wärmflasche versehen, still in ihrem Sessel und ließ den Dingen ihren Lauf. Dieser Lauf bestand darin, daß ich mich um den Hauslehrer meiner

Brüder kümmerte, die ihm nach Heimkehr vom Gymnasium entlaufen waren. Der junge Theologe, schüchtern wie eine Haselmaus, war froh, sein gefordertes Wissen anbringen zu können, und so behabten wir uns recht gut miteinander. Ich begann zu lernen und mit seiner Hilfe und Anleitung wissenschaftliche Lektüre zu mir zu nehmen. Ein buntes Sammelsurium von Bibel und Babel, Ninive und Babylon, Mysterienkult und Mystik verdrängte die bisherige Lektüre der aus mütterlichem Besitz stammenden Jungmädchenbücherserien von Brigitte Augusti und anderen, ebenso wie die Abenteuererzählungen von Sophie Wörrishöfer!

Lesen! Es war meine innigste Freude, und die Gestalten meiner Jugendlektüre wurden mir lebendiger als die Menschen meiner Umgebung. Gleichgültig waren und blieben mir Spielzeug, Kleider und Schmuck. Das einzige, was für mich zählte, waren Bücher!

Da ich dank meiner Gouvernanten der englischen und französischen Sprache mächtig war, hatte ich mit Lehrkräften der Schule für deren diesbezüglichen Unterricht ein Abkommen getroffen: in den der Erlernung beider Sprachen gewidmeten Stunden »unter der Bank« Literatur dieser Länder lesen zu dürfen. So leistete ich mir den Luxus, Racine und Molière, Shakespeare und Milton in der Schule privatim zu lesen! Das mit dem Schulbesuch war ohnehin höchst problematisch, da ich krankheitshalber mehr aus als in der Schule war! Was es so an Kinderkrankheiten gab, Masern und Mumps, Katarrhe und Keuchhusten, Windpocken und Wasserblattern, Dysenterie und Diphterie, das gehörte bis zu den Entwicklungsjahren ohne jegliche Drückebergerei zu meinem Alltag. Folgerichtig hat späterhin die Schulvorsteherin mir ein Abgangszeugnis verweigert, da ich ihre Schule zu wenig besucht hätte. Damals machte mir das nichts aus, da ich in kindlicher Naivität der Meinung war, es käme auf Wissen und Können an, nicht auf Diplome!

Jugendbildnis der Mutter
Gemälde von Heinrich von Angely, 1902

Meine Mutter

Daß meine Mutter mit mir viel Kummer hatte, geht aus der Aufzählung meiner Kinderkrankheiten hervor. Sie hat mich rührend gepflegt. Am deutlichsten erinnere ich mich an die wochenlange Diphterie, denn da saß meine schöne, wunderschöne Mutter im weißen Kittel fast den ganzen Tag an meinem Bett und las mir vor.

Aus den Kindheitstagen erinnere ich mich noch genau daran, wie wir drei, gehüllt in dunkelrote Kapuzenschlafröckchen, an einem runden Tisch beim Abendbrot saßen und meine Mutter nach dem Rechten sah. Am schönsten aber war es, wenn ich schon im Bettchen lag und sie in großer Abendkleidung noch einmal hereinschaute, um mir den Gutenachtkuß zu geben! O, wie habe ich sie da bewundert und geliebt! Sie war der Engel und die Fee aller Märchen, sie war die Prinzessin, das erlöste Dornröschen. Immer suchte ich sie noch aufzuhalten, und immer freute ich mich aufs Gutenacht von ihr!

Was sie uns Dreien Gutes und Liebes geben konnte, das kam zu uns. Sie war es, die veranlaßte, daß, wenn »Gesellschaft« war, der alte Lohndiener Martin rasch die Treppe heraufeilte und den drei an der obersten Treppenstufe wartenden »Butzen« vom Nachtisch jedem sein Portiönchen brachte!

Mögen ihre Dienstboten sie zuweilen auch hintergangen, ihre Familienangehörigen sie ausgenutzt haben, verehrt wurde sie von allen, und jeder, der sie kannte, war bezaubert von ihrem Charme, ihrer Schönheit und ihrer warmherzigen Güte.

Während mein Vater klug und, soweit es ihm seine Bank ermöglichte, intellektuell und künstlerisch interessiert war, hatte sie keinerlei Ehrgeiz, durch Wissen oder Gelehrsamkeit zu glänzen. Was sie ausströmte, war die Atmosphäre warmer Menschenliebe, Hilfsbereitschaft und verläßlicher Freundschaft. Immer sorgte sie für irgendwelche »lahmen Enten«, und ein Kreis von Bedürftigen scharte sich um sie. Zweimal hat mein Vater um sie angehalten, ehe sie die Seine wurde. In den ersten Jahren ihrer Ehe soll er sie voll Stolz im Vierspänner durch die Stadt gefahren haben!

Wo sich Schönheit der Güte zugesellt, wird ein so hohes Maß an Vollkommenheit erreicht, daß man es nur beklagen kann, wenn eine so schöne Mutter – wie dies eine als Original bekannte Dame unserer Stadt geäußert haben soll – ein solch häßliches Entlein ausgebrütet hat. Sie hat ihr häßliches Entlein mit aller ihr eigenen Zärtlichkeit großgezogen, und noch heute gedenke ich ihrer liebevollen Fürsorge in meiner Kinder- und Jugendzeit.

Wieviel hat diese Frau in späteren Jahren durchmachen müssen! Die Auswanderung der Söhne, die Pflege eines kranken Bruders, für den sie hungerte, die Vertreibung aus ihrem Haus, den Verlust von Hab und Gut und ein jahrelanges Herzleiden, das sie geduldig ertragen hat. Von der vergötterten Schloßherrin bis zur bettelarmen alten Frau blieb sie gleichmäßig gütig, gab sie zuletzt von dem Wenigen, das sie noch hatte, den anderen. Ihre Güte, ihre wahrhaft adlige Haltung und ihr vorbildlicher Gleichmut gegenüber immer neuen Schicksalsschlägen waren die Merkmale ihres Wesens. Sie starb am 3. Januar 1950.

Erwachen

Der Schule ledig, ergab ich mich nun vollends der Magie des Lesens. Es war ein buntes Allerlei, aus dem meine Lektüre bestand: von den mittelalterlichen Mystikern bis zu Verlaine und Oscar Wilde! Mein äußeres Dasein verlief in genormten und geregelten Bahnen, man lebte damals im gehobenen Bürgermilieu ziemlich sorglos in den Tag hinein, nährte sich gut und üppig, legte Wert auf gepflegtes Äußere, verbrachte als junges Mädchen die Zeit mit Geselligkeit und Spiel, Tanzfesten, Konzert- oder Theaterbesuchen und musizierte ein wenig oder malte. Vergeblich hatte ich in den letzten Jahren meiner Schulzeit meinem Vater vorgeschlagen, daß ich in das Mädchen-Gymnasium überwechseln und das Abitur machen wolle, um späterhin studieren zu können. Ich wurde dahingehend belehrt, daß ich dergleichen nicht benötigte, da ich infolge des väterlichen Vermögens mit Sicherheit geheiratet würde, also ein Studium nur eine Fehlinvestition wäre. Auch wies er darauf hin, daß ich ohne seine Einwilligung nicht auf seine Hilfe rechnen dürfe. Seine reichlich altmodischen Anschauungen – man schrieb damals 1911, wenige Jahre vor dem ersten Weltkrieg – äußerten sich auch im Gehaben, das ich nach seinem Willen zur Schau zu tragen hatte. Während meine Klassenkameradinnen zu den Bällen, die wir besuchten, nette Abendkleider trugen, hatte ich in weißen Stickereikleidchen mit bunten Schärpen, also noch recht kindlich angetan, zu erscheinen. Dies war um so grotesker, als ich damals bereits die sportliche, eher männliche Linie der Kleidung bevorzugte, die späterhin mir zeitlebens zu eigen war!

Auch in der Lebenshaltung wurde streng darauf geachtet, mein Kindertum solange als möglich hervorzukehren. Was damit bezweckt werden sollte, blieb mir unklar, aber ich begann damals, eine Art von Doppelleben zu führen, mit Fassade und Eigentlich-Innerlichem.

Es entstanden die ersten literarischen Versuche, Übertragungen von Verlaine. Auch führte ich lange metaphysisch-philosophische Diskussionen mit einer studierenden Cousine. Immer dringlicher wurde in mir der Wunsch laut, diesem eitlen Scheindasein zu entfliehen. Aber der Mut fehlte mir, davonzulaufen und irgendeinen Brotberuf zu ergreifen!

Kurz nach der Schulentlassung lag ich in einem lila-seidenen Hausanzug im Schatten einer blühenden Akazie des väterlichen Parks und las Baudelaire, »Les fleurs du mal«, in einem Exemplar der »Hundertdrucke«, auf englichem handgeschöpftem Bütten in der Offizin von Johann Enschedé 1911 gedruckt, da plötzlich erwachte ich! Was biete ich denn für all den Luxus, der mich umgibt? Nichts, und noch einmal nichts! Der einfachste Straßenkehrer, die dümmste Dienstmagd leistet etwas – und ich?

Damit war ich erwacht. Es mußte etwas geschehen! Was lag im Bereich meiner Möglichkeiten? Mein Vater, der über mich zu bestimmen hatte, – ich war ja nicht majorenn – mußte in mein Vorhaben, etwas zu leisten, einwilligen. Er war Bankier! So beschloß ich, ihn zu bitten, mich in seiner Bank als Lehrling einzustellen. Noch am gleichen Abend sprach ich mit ihm, und er willigte ein. Damit hatte ich einen Beruf!

Eine Cousine aus der haute snoberie erklärte mir zwar, daß ich durch diesen Schritt keine Dame mehr sei, aber das kümmerte mich wenig, ich gab ihr zur Antwort, daß ich vielleicht auf das Epitheton »Dame« verzichten müsse, dafür aber ein tätiger Mensch werde, und das sei es mir wert!

Der erste Beruf

Er begann damit, daß ich Bleistifte spitzen durfte. Dann weihte ein Assessor, Freund des Hauses und vorübergehend im Bankgeschäft tätig, mich in die Geheimnisse des Copierbuches ein, und ich durfte die Durchschläge der Korrespondenz ablegen. Wenig später stand ich auf vertrautem Fuß mit Strazzen und Kladden, Entwurfsniederlagen, deren Benennungen aus dem Italienischen und Holländischen herrührten, also zwei Ländern, die vor Zeiten schon das Bankgeschäft betrieben, so folgerte ich. Noch war ich gutwillig, trotz der für Halbidioten geeigneten Tätigkeit. Bei der Einführung in die Hauptbücher mit ihren Seiten von Soll und Haben gedachte ich der wunderbaren Begebenheiten in Gustav Freytags hohem Lied des Bürgertums. Eine Gesamtausgabe der

Werke dieses Schlesiers zierte den Bücherschrank des elterlichen Hauses, und auf die Lektüre der »Ahnen« war ich früh schon hingewiesen worden. Stufenweise erlernte ich nun die Buchführung, aber sie langweilte mich gewaltig, und erst als mein ältester Bruder zugleich mit einem Tanzstundenfreund in das Büro als Lehrling eintrat – dieser Bruder sollte dereinst die Bank weiterführen und hatte daher gern und freiwillig auf die Ablegung des Abiturs verzichtet – kam Leben in meinen trüben Alltag! Diesem Bruder wurden die Unterstufen des Berufes in verkürzter Form beigebracht, und ihn berief mein Vater sehr bald auch ins Chefkabinett, allerdings nur, um ihm eine bejahende Anerkennung eines projektierten Unternehmens zu entlocken. Widerspruch duldete der alte Herr nicht!

Mit Bubi und Berni ließ sich reden. Zunächst einmal wurden die Witterungsverhältnisse im Chefkabinett stabilisiert. Das geschah auf folgende ingeniöse Weise: Eines Tages stand als Geschenk meines Bruders ein holzgeschnitzter Rabe auf dem Schreibtisch des Chefs. Dieser Rabe hatte einen beweglichen Kopf und einen ebensolchen Schwanz. Allmorgendlich, noch ehe der Chef im Hause war, wurden Kopf und Schwanz des Raben je nach der Stimmung des Chefs eingestellt. Die Angestellten wußten dann Bescheid, wie der Wind wehte!

Berni, mein Tanzstundenfreund, war hochmusikalisch, außerdem drückte er sich gern in Versen aus, von welchen mir nur die Zeile: »Hinter Pinien lauert schon die Wollust« im Gedächtnis geblieben ist. Als einzigem und verzärteltem Kind wurde ihm allmorgendlich ein Körbchen mit erlesenen Fressalien ins Büro geschickt, was ihm zwar peinlich war, aber seinen Kollegen bald hoch willkommen wurde, denn Berni teilte Tag für Tag den Inhalt des Körbchens mit diesem oder jenem von ihnen. Mit ihm konnte man über Musik und Literatur reden, und seltsamerweise war er oft genau auf denselben Tag und zur gleichen Stunde wie ich selbst beim Zahnarzt bestellt! In den Hauptproben der Museumskonzerte trafen wir uns ganz zufällig wieder! Damals gab es noch den Leierkastenmann, der von Straße zu Straße mit seiner Drehorgel zog und seine zwei bis drei Stückchen leierte, bis ihm die Bevölkerung vom Fenster aus ihren in Papier gewickelten Obolus herunterwarf. Eines Tages kam jemand unter uns auf den Gedanken, den Orgelmann auf einen Tag der kommenden Woche mit Tanzmusik für eine halbe Stunde gegen entsprechendes Entgelt zu bestellen, zu jener Zeit nach Tisch, da mein Vater zu Hause dem Mittagsschläfchen oblag. Wir waren mitten im fröhlichen Tanz, als o Schreck, o Graus, gerade an diesem Tag mein Vater aus irgendwelchen Gründen verfrüht im Büro erschien. Das setzte ein Donnerwetter! Ich wurde bei der Ehre gepackt: Gerade ich als Tochter des Chefs könne und dürfe solches Allotria nicht dulden, geschweige denn mitmachen! Da sähe man es, ich hätte keinerlei Berufsehrgeiz!

Dies geschah kurz vor dem Ausbruch des ersten Weltkriegs im August 1914. Ich war mittlerweile zum Kontokorrent-Buchhalter avanciert, bekam Gehalt, das ich in Bücher umsetzte, und überlegte, wie ich zu einer den Geist beanspruchenden Tätigkeit käme. Davon konnte nun keine Rede mehr sein, denn die im dienstpflichtigen Alter stehenden männlichen Mitarbeiter – und das waren die meisten – wurden eingezogen, so daß ich jetzt unentbehrlich war und meinen Posten selbstverständlich weiter versah.

Da meine Eltern Ende des Jahres 1911 in ihr neues großes Stadtpalais verzogen waren – mein Vater hatte das Terrain systematisch in vielen Jahren zusammengekauft und ein ganzes Straßenviertel zu eigen, das Wohnhaus, Park, Treibhäuser und Chauffeurwohnung nebst Garage umfaßte – und das alte Wohnhaus im Westend noch unverkauft war, beschloß er in aufflammendem Patriotismus, aus dieser Westendvilla ein Lazarett zu machen. Ärzte und Pflegepersonal sowie den gesamten Betrieb stellte er selbst in Dienst. Dem konnte ich nicht unbeteiligt zusehen! So begann ich eine Doppeltätigkeit. Zunächst besuchte ich mit Genehmigung meines Vaters einen Pflegekurs bei dem Medizinonkel, der mir, als ich noch Kind war, soviel lustige Kurzweil vorgemacht hatte.

Nach absolviertem Pflegekurs, der mir unter anderem eine unvergeßlich grausige Aufgabe eingetragen hatte – einem Kinde einen sechsten Finger abzubinden und dann abzuschneiden – waren mein Vater und ich darin einig, daß ich für die Verwundetenpflege ungeeignet sei und besser im Haushalt einzusetzen wäre. Zudem war ich in der Bank unabkömmlich. So ergab sich für mich die Spülküche des Lazaretts als zweites Arbeitsgebiet, und der Tag teilte sich nun in zwei Frühstunden mit Frühstücksbesorgung und Spülen dieses Geschirrs, vier Stunden Banktätigkeit, zwei Stunden Spülküche im Lazarett, weitere drei Stunden Bank und nochmals zwei Stunden in der Spülküche. Dort hatte ich zwei reizende Mitarbeiterinnen, das Hixchen-Fixchen und eine Arzttochter, wir standen freundschaftlich, und ich konnte die Spülküche getrost ihren Händen überlassen, wenn meine Anwesenheit in der Bank dringender wurde, was schließlich öfter der Fall war. Aber die Arbeit im Lazarett hat mir menschlich weitergeholfen, denn ich begriff viel vom Elend des gemeinen Mannes. Wir hatten 26 Mannschafts- und 6 Offiziersbetten. An der Spitze des Pflegepersonals stand meine Mutter, die lebende Verkörperung des Mitleids und der Güte. Ihr zur Seite arbeiteten zwei Berufskrankenschwestern und mehrere Damen ihres Freundeskreises. Es war eine gute Zeit menschlicher Kameradschaft! Die Küche versah eine Berufsköchin, genannt Tante Zwiebel. Jeder nahm seine Arbeit ernst, und es gab keine Zänkereien; für Klatsch und Tratsch war keine Zeit. Wer sich dem Arbeitsteam nicht einfügen wollte oder konnte, schied rasch aus.

Diese zweite Tätigkeit hat mich vieles gelehrt, was mein Beruf in der Bank mir nicht eintrug.

Die erste Verlobung

Eigentlich war es meine zweite Verlobung, aber die erste war eine solche Kinderei, daß ich mich schäme, darüber viel Worte zu machen. Ich war damals etwa 16 Jahre alt, der Flieder blühte, es hatte eine Bowle gegeben, und einer der Abendgäste führte mich durch den Park, am Seerosenteich vorbei. Er legte seinen Arm um mich und küßte mich. Voll entsetzter Beglückung erklärte ich: »Sie wissen, was es heißt, wenn man ein Mädchen aus gutem Hause küßt!« Das ließ sich mein Kavalier nicht zweimal sagen, war er doch ein Tanzstundenfreund meiner Mutter, berühmt für seine vielen vergeblichen Bemühungen um eine Tochter des goldenen Westends! So bat er mich darum, eine Unterredung mit meinem Vater vorzubereiten. Der setzte dem Unfug ein rasches Ende, indem er das rechte Wort zu sagen wußte: »Das sind doch Kindereien!« Doch an jenem Abend war ich restlos glücklich, weil meine Häßlichkeit jemand gefunden hatte, der bereit war, mich zu heiraten. Das mit der Häßlichkeit erklärt sich durch den großen Kontrast zu meiner Mutter, die als das schönste Mädchen der Stadt galt. Leider ist bei mir nicht das uradlige Hugenottenblut durchgekommen, sondern die durchs Rote Meer gewanderten Ahnen haben sich als die Stärkeren erwiesen!

Gewitzt durch diese Erfahrung, hatte mir mein Vater ausdrücklich eingeschärft, im Lazarettdienst keinerlei Liebeleien mit einem der Herren Offiziere anzuknüpfen, was ich auch zusagte. Einer von ihnen, fast schon ausgeheilt und wieder kriegsdienstfähig, hatte es sich angewöhnt, frühmorgens in der Spülküche zu erscheinen, um uns die neuesten Neuigkeiten aus der Zeitung vorzulesen. Er war ein netter Kerl, hochmusikalisch – er spielte Cello –, aus bester Familie, mit guter Stellung in einem großen Industrieunternehmen. Damit nichts schiefgehen konnte, erklärte ich ihm vor Beginn einer Freundschaft, daß jegliche auf Heirat hinauslaufenden Bemü-

Anna Wertheimber-de Bary
Altersbild der Mutter nach 1945

hungen zu unterlassen seien, da er von mir nur zu hören bekäme »Nein danke, lieber nicht«.

Und es kam alles, wie es kommen mußte. Die tägliche Zeitungslektüre führte zu Unterhaltungen über kriegerische und friedliche Ereignisse, besonders auch über stattfindende Konzerte – wie friedlich mutet dieser erste Weltkrieg uns an, die den zweiten miterleben mußten mit seinen Übeln und Mißständen! Niemand im Lazarett hungerte, keiner fror, und als wirklich einmal eine Fliegerbombe ein Haus im Westend zerstörte, tobte man wochenlang über diese Barbarei! Mein Heini – er hieß wirklich so – traf mich unter den mannigfachsten Vorwänden. Eines Tages war es so weit – wir flogen uns irgendwo, irgendwann in die Arme, und nun galt es, meine Eltern ins Bild zu setzen! Meine Mutter verbrachte gerade zwei Urlaubswochen bei ihrem Vater, meinem Großvater, in einem nahe gelegenen Badeort, wo dieser die Kur gebrauchte. Also begab ich mich zu meinem Vater, der zornrot anlief und mich schleunigst zu meiner Mutter in jenen Badeort brachte, um alsdann meinem Verlobten Bescheid zu sagen! Da im Grunde keine berechtigten Einwände vorzubringen waren, entschloß er sich zu dilatorischem Verfahren und vertröstete das liebende Paar auf das Kriegsende, zu dem dann eine endgültige Entscheidung erfolgen sollte. Ich erbat mir noch einen persönlichen Abschied von meinem Heini, der bald wieder ins Feld abrücken mußte. Dieser Wunsch wurde mir von meinem Vater gewährt, Heini sollte in der kommenden Woche zu Besuch ins Kurbad reisen!

Zum festgesetzten Tag war ich am Zug, um ihn abzuholen. Statt seiner entstieg mein Vater einem Coupé 1. Klasse und übergab mir die Kopie eines an Heini gerichteten Schreibens, dessen diplomatischer Inhalt von unnötigem Herzweh und Erschwerung der durch die Kriegsumstände bedingten Trennung sprach. Innerlich schäumte ich, blieb aber äußerlich kühl und gefaßt.

Daraufhin schritt man zu Tee und Kuchen, und dann zog mich mein Vater zu einer längeren Konsultation heran, wer wohl von unseren Bankkunden noch Kriegsanleihe übernehmen könne, war ich doch sein Kontokorrentführer. Ich hatte Geistesgegenwart genug, ihm entsprechende Mitteilungen zu machen, und als er sich nach dem Abendessen verabschiedete, erhielt ich von ihm die erbetene Erlaubnis, wenigstens noch einen Abschiedsbrief an Heini zu schreiben.

Zu gewohnter Stunde gingen Großvater, Mutter und Kind zu Bett, nachdem ich den Brief geschrieben und postalisch befördert hatte. Meiner Mutter kam die von mir zur Schau getragene Ruhe unheimlich vor, und zu später Stunde kam sie noch einmal in mein Zimmer, um mich im Blute schwimmend vorzufinden. Ein Arzt war bald zur Stelle und brachte die Blutung zum Stillstand: Ich hatte versucht, mir die Pulsader durchzuschneiden, leider mit ungenügendem Werkzeug!

Telefonisch wurde mein Vater verständigt und ihm die Erlaubnis aufgedrungen, das verhinderte Treffen mit Heini zu gestatten. Als dieser am nächsten Morgen meinen Brief bekam, der mit den Worten begann: »Wenn Du dieses Schreiben erhältst, weile ich nicht mehr unter den Lebenden«, war er in mein Elternhaus geeilt, um meinen Vater sofort zu sprechen, der ihn beruhigte und zugleich versprach, daß wir uns vor der Abreise ins Feld noch einmal sehen sollten. Als dann Heini wirklich vor mir stand und mich in die Arme schloß, fragte er schließlich: »Was hat dein Vater eigentlich gegen mich einzuwenden?« In der mir eigenen Naivität, die mich bis zum heutigen Tag durch dick und dünn geleitet hat, sagte ich schlicht und einfach: »Er hält dich für einen Mitgiftjäger«.

Der Tag verlief aufs angenehmste, und wir verabschiedeten uns mit dem Gruß: »Auf Wiedersehen«. Nie mehr haben wir uns wiedergesehen, denn wenige Tage darauf erhielt mein Vater durch einen Vetter von Heini eine Duell-Forderung wegen Verletzung von Heinis Ehre, die er als vernünftiger

Mensch natürlich ablehnte. Damit fand diese dramatische Verlobung ihr Ende.

Ohne tiefe Traurigkeit zu empfinden, kehrte ich mit meiner Mutter nach Hause zurück. Was es für mich und, wenn sie klug waren, auch für die mir Nahestehenden aus der Verlobungsgeschichte zu lernen gab: man mußte meinen unzähmbaren Eigenwillen und meinen Mut zur Opposition in Rechnung stellen, falls man mich zu lenken und über mich zu verfügen suchte.

Die zweite und dritte Verlobung

Es war immer noch Krieg. Jahre kamen und gingen, die Betten im Lazarett standen nicht leer, wir lernten Menschen kennen, viele verloren sich mit der Zeit, aber mancher blieb über die Kriegsjahre hinaus uns in Freundschaft verbunden.

Die Offiziere ließen mich kühl, zumal es sich bei der zweiten, sehr vorübergehenden Verlobung offensichtlich um eine Angelegenheit der Mitgiftfrage handelte. Es war ein schöner Mensch, der mir seine Hand bot, wir hatten nette Gespräche, und mich trieb der Wunsch, nach dem Krieg ein eigenes Leben führen zu können, ohne Bankbetrieb und Elternhaus. Arbeiten ja, das wollte ich, aber nicht trockene Zahlen eintragen und addieren – und dies, obwohl ich eine merkwürdige Begabung mitbekommen hatte, Rechen- oder Buchungsfehler zu entdecken. Nach Büroschluß nahm ich mir die in Frage kommenden Kladden vor, stellte erst einmal die Summe der Differenz, dann deren Hälfte und deren Verdoppelung vor mich hin und kontrollierte die Einträge der Kladden mit denen des Hauptbuches. Auf diese Weise ließen sich die Fehlsummen durch falsche Überträge in Soll oder Haben durchweg finden. Trotzdem sehnte ich mich nach einer Tätigkeit künstlerisch-wissenschaftlicher Natur. Die

Gespräche mit einem der Offiziere schienen dergleichen Interessen zu verraten, und so kam es zwischen uns zu einer Annäherung, ja heimlichen Verlobung, von der ich nur meiner besten Schulfreundin Rita, fast nachbarlich wohnhaft und in ihrer Frühzeit gleich mir von einer englischen Gouvernante betreut, zunächst ohne Namensnennung erzählte. Auf näheres Befragen nannte ich den Namen dieses Verlobten, und Rita errötete. Dann vertraute sie mir an, daß eben jener selbe Herr vor nicht allzu langer Zeit ihr einen Heiratsantrag gemacht habe, den sie abgewiesen hätte. Nun wußte ich Bescheid! Und das war das unrühmliche Ende dieser heimlichen Verlobung.

Eines Tages bekamen wir ein blutjunges Offizierchen eingeliefert, das furchtbar zugerichtet war, das halbe Gesicht weggefetzt, ein Auge weg, das andere geschädigt, ein schauriger Anblick. So ein armer Mensch! Er hieß bei uns allen nur »der Kleine«. In seiner Tasche trug er zwei Fotos immer bei sich: das eines bildhübschen jungen Mädchens und das eines reizenden blonden jungen Mannes, seine Braut und deren Bräutigam, wie er war, ehe er in den Krieg zog! Er hatte lange nicht den Mut gefunden, ihr die schreckliche Wahrheit darzulegen, und als er ihr schrieb und ein Bild mit seinem jetzigen Aussehen beifügte, war es ein Abschiedsbrief, den er schickte, bittend, ihm nicht mehr zu schreiben. Klug war er und sehr gebildet. Man hat ihn später, soweit es anging, zusammengeflickt, aber er wurde Morphinist und ging als solcher zugrunde. Mit ihm im Zimmer lag ein bildschöner, schlanker, eleganter Offizier, Rheinländer. Beide wurden bei uns zu Hause eingeladen. Während die Meinen den schönen Reinhard zum Bridge oder einem anderen Kartenspiel höchst nützlich fanden, war mir eine Unterhaltung mit dem superklugen Kleinen viel lieber. Dennoch kam es mit der Zeit, auch auf Betreiben des Kleinen, zu einer Verlobung von Reinhard und mir. Solange der Kleine mit von der Partie war, ging alles im besten gegenseitigen Einvernehmen. Reinhard mußte nach geraumer Weile zurück zu seiner Dienststelle am Rhein. Wir hatten inzwischen Verlobungsanzeigen verschickt.

Eines schönen Tages hatte mein Vater geschäftlich in Holland zu tun und fragte meine Mutter und mich, ob wir Lust hätten, mitzufahren, um in Reinhards Quartier am Rhein meinen Verlobten zu besuchen, während er nach Holland fahren und uns auf dem Rückweg wieder abholen wollte. Wir waren einverstanden. Inzwischen hatte sich die Beziehung zwischen Reinhard und mir dahin gehend verändert, daß mir klar wurde, wen er eigentlich liebte und geheiratet hätte, wenn es die Umstände erlaubten. Doch da war eine alte Mutter zu betreuen, und die pekuniären Verhältnisse schienen auch nicht glänzend zu sein. Zu gut deutsch, ich war halt ein Goldfisch! Noch immer hatte ich Hemmungen vor einer solchen Eheschließung. Nachdem also mein Vater gen Holland gereist war und meine Mutter und ich in Reinhards Nähe weilten, kam es zu einer entscheidenden Aussprache. Reinhard fragte mich, ob es mir lieber wäre, wenn er Wort und Ring zurückgäbe. Erleichtert beeilte ich mich, beides zu bejahen. Nunmehr waren wir glücklich entlobt, doch hatte er in der Stadt am Rhein Familienangehörige, die das liebe Brautpaar geziemend feiern wollten. Ehe nicht mein alter Herr über die veränderte Sachlage Bescheid wußte, durfte diese nicht publik werden, und so ließen wir uns also mit Sekt, roten Rosen und liebevollen Reden als glückliches Brautpaar feiern und hoch, hoch, hoch leben! Diese Situation dauerte mehrere Tage, und erst als mein Vater eintraf, stob das Brautpaar für immer auseinander. Später hat Reinhard dann doch seine wahre Liebe geheiratet und ist hoffentlich mit ihr glücklich geworden!

Die vierte Verlobung

Noch während ich »Reinhards Bräutchen« war – der Arme hatte ständig an meiner Kleidung zu mäkeln, wogegen ich vermutete, daß er weder die deutschen, geschweige denn die französischen, englischen oder gar russischen Klassiker gelesen hatte –, noch während dieser gegenseitigen Mißverständnisse lernte ich bei Verwandten einen älteren seriösen Herrn kennen. Unsere erste Begegnung erfolgte nach Tisch am flackernden Kaminfeuer eines Landhauses in den Waldungen des nahegelegenen Taunus. Wir verbissen uns mit den ersten Worten, die wir wechselten, ineinander, und während Gäste und Hausherrin längst zur Ruhe gegangen waren, dauerte dieses erste Gespräch bis gegen Morgen! Von dem Tage an »gingen wir miteinander«, wie es im Volksjargon heißt. Es gab kein Buch, kein Konzert, kein Theater, keine Ausstellung, die wir nicht miteinander teilten. Jeder sah es, jeder begriff, und stillschweigend wurden wir bei Einladungen zusammengesetzt. Diesmal brauchte ich keine Goldfischbefürchtungen zu haben. Er war Bankdirektor mit eigenem Haus, unverheiratet, lebte zusammen mit seiner alten Mutter. Alles, was ich an systematischem Wissen eroberte, kam von ihm, alles, was ich an Kunstverständnis lernte, hat er mir übermittelt. Es war im Geistigen der vollständigste Einklang von Hingabe und Besitz, den ich bisher erlebt hatte, eine Tatsache, die mir die Entlobung von Reinhard zur Notwendigkeit machte.

Nach deren Auflösung erwartete ich zusammen mit meiner Umgebung einen Antrag von diesem zutiefst mir nahestehenden Freund. Als nach mehr als Jahresfrist kein Wort von ihm erfolgte, nahm ich meinen Mut zusammen und fragte meinerseits kurz und bündig: »Warum heiraten wir nicht?« Die traurige Antwort, er dürfe nicht heiraten, denn er sei krank, war für mich eine herbe Enttäuschung, und ich erbat ein Jahr

Karenzzeit, nach dem wir uns dann als gute alte Freunde wiedersehen könnten. Er willigte ein, und ich kehrte zu meinem Kontokorrentkonto und den Zahlenreihen zurück.

Inzwischen ging der Krieg seinem kläglichen Ende zu, und ich rechnete mit der Rückkehr unserer alten Angestellten, die mich von dem lästigen Frondienst befreien sollten. Was ich dann zu unternehmen gedachte, war mir unklar. Eine Tätigkeit mit Büchern, etwa als Bibliothekarin? Das war vielleicht das geeignetste. Zudem hatte ich da eine Hilfestellung durch meinen Großvater, den ehemaligen Justitiar der alten Baronin Rothschild, der sicher ein gutes Wort beim Direktor der Rothschildbibliothek für mich einlegen würde. Als der Tag gekommen war, an dem ich mich feierlich vom Beruf der Bankbeamtin verabschieden konnte, bat ich also meinen Großvater, mich zu dem Herrn Bibliotheksdirektor zu begleiten. Ich fühlte mich mit meinen Sprach- und Literaturkenntnissen sehr sicher und rechnete mit einem gehobenen Posten. Der Direktor, ein alter Herr mit wallendem weißen Barte, fragte zunächst nach meiner Schulbildung und dem Nachweis derselben, dem Abgangszeugnis. Als ich bekannte, daß ich kein solches wegen häufiger Erkrankungen erhalten hätte, schüttelte er verzweifelt den Kopf und meinte: »Dann kommt leider nur die unterste Karriere für die Kleine in Frage«. Ich wies auf meine Kenntnisse hin, aber da half alles nichts, und der Direktor meinte, um nicht unfreundlich zu sein, ich könne ja versuchen, mich emporzudienen. Das wollte ich denn auch.

Zunächst kam ich in den Ausleihedienst. Ich saß an einer Theke und hatte die eingereichten Bestellzettel entgegenzunehmen, diese zu kontrollieren, ob Vor- und Zuname nebst Anschrift des Bestellers sowie Verfassername, Buchtitel, Erscheinungsort und -jahr, schließlich auch die Buchsignatur am richtigen Orte angegeben waren. Hatte ich zehn Bestellungen beisammen, dann durfte ich diese dem Aufzug anvertrauen, der auf ein Klingelzeichen von mir ins Magazin entschwebte und nach geraumer Weile die gewünschten Bücher nach unten beförderte, worauf ich alsdann dem jeweiligen Entleiher das gewünschte Buch zu überreichen hatte. Nachdem ich das Verfahren mehrere Wochen ausgeübt hatte, begab ich mich zum Herrn Bibliotheksdirektor, um ihm mitzuteilen, daß ich dies wohl jetzt erlernt hätte, worauf ich nunmehr den Dienst im Magazin anvertraut bekam. Dieser bestand darin, die Leihscheine der Besteller wiederum zu kontrollieren, das gewünschte Buch entsprechend der angegebenen Signatur zu holen, abzustauben und dem Aufzug anzuvertrauen, bis alle zehn Bestellungen zusammen waren und nach unten befördert werden konnten. Zum Glück gab es im Magazin ein Giftschränkchen, zu dem ein alter Aufseher den Schlüssel verwahrte. Ich stellte mich gut mit ihm, und so gelang es mir, »Aloisia Sigea«, »Felicia ou mes fresdaines« und anderes mehr meiner Bildung hinzuzufügen. Als ich, nach einem weiteren Zeitraum, um neue Unterweisung beim Herrn Direktor einkam, ließ er mich die Geheimnisse der Listenführung aller abonnierten Zeitschriften erlernen.

Nun war ich am Ende meiner Geduld angekommen, erklärte meinen Verzicht auf den Beruf der Bibliothekarin, kehrte ins noble Palais meiner Eltern zurück und las weiterhin Bücher aller Arten.

Als meine Eltern bald darauf ihre Ferien in Baden-Baden verbrachten, wollte ich sie dort besuchen, saß, die »Neue Rundschau« lesend, in meinem Abteil, als kurz nach Heidelberg ein Schatten vorbeihuschte. Mir klopfte das Herz, denn er war es, er, dem ich alles, was ich an tieferem Wissen besaß, zu verdanken hatte. Leise fragte er, ob er sich einen Augenblick zu mir setzen dürfe. Als ich bejahte, erkundigte er sich, ob ich ahne, wo er herkäme. Wie sollte ich das wissen? Er kam von einer medizinischen Kapazität in Heidelberg und überbrachte mir die Nachricht, daß er heiraten dürfe. Ich wußte weder damals noch viele Jahre später, welches Leiden er hatte, glaubte an einen schweren Herzdefekt und freute mich

Der Vater Ernst Wertheimber

über die gute Botschaft. Als er auf seine Frage, ob ich noch so dächte wie vor annähernd Jahresfrist, eine freudige Bejahung zur Antwort bekam, zog er ein Etui mit zwei Ringen aus seiner Tasche, und wir kamen als Verlobte in Baden-Baden an. Daß mein Vater in diesem Fall keine Einwendungen zu machen hatte, war klar!

So genossen wir die besonnten Tage in Baden-Baden in vollen Zügen. Ein einziges Mal schien er leicht bedrückt, aber hierfür bekam ich bald darauf von seinem Bruder die Erklärung, daß er zuweilen Depressionen habe, über die ich mich am besten stillschweigend wegsetzte, denn da, wo viel Licht sei, gäbe es bekanntlich auch viel Schatten.

Eifrig wurde nun alles zur Hochzeit gerichtet, das Brautkleid bestellt und geliefert, das Aufgebot angemeldet. Mit meiner zukünftigen Schwiegermutter stand ich einstweilen noch auf halbem Kriegsfuß, aber ich hoffte, daß es mit der Zeit zu einer Annäherung zwischen uns käme. Da die beiden Banken, die väterliche und die seine, nebeneinander lagen und er fast täglich bei uns zu Tisch war, holte das väterliche Auto uns zusammen nach Hause. Annähernd zwei Monate ging das nun so, bis er eines Tages bat, den Chauffeur anhalten zu lassen, damit er aussteigen könne, ich solle ihn bei meinen Eltern enschuldigen, da er sich nicht wohl fühle.

Am folgenden Tag erhielt ich einen Brief von ihm, der mir in kurzen Worten mitteilte, er beginge ein Verbrechen, wenn er mich heirate, und müsse die Verlobung auflösen. Ich nahm an, daß es sich um eine Depressionsphase handelte, und schrieb ihm nur ein paar beruhigende Worte. Am nächsten Tag kam ein zweiter Brief gleichen Inhalts. Verzweifelt ging ich zu meiner künftigen Schwiegermutter, um von ihr eine Erklärung zu erhalten. Sie durfte mir auf seinen Wunsch nichts anderes sagen, als was in dem Brief stand. Da ich am nächsten Tag zum dritten Mal die gleiche Mitteilung erhielt, lief ich weinend zu meinen Eltern. Mein Vater erklärte mir in wilder Empörung, daß ich umgehend und wortlos den Ring zurückzuschicken hätte. Ich tat es und bereue noch heutigen Tages diese herzlose und unverständige Handlung. Ich hatte zu kurz geschaltet! Damals, nach dem Vorfall in Baden-Baden, hatte er mich gefragt, ob ich den »Idiot« von Dostojewski gelesen hätte. Als ich verneinte, brachte er mir das Buch! Ich armer Kannitverstan kapierte nichts, und auch nach dem Bruch mit ihm begriff ich nicht, an welcher Krankheit er litt; einem Übel, das einzugestehen er sich schämte. Erst viele Jahre später, als er todkrank war, hat eine gut mit ihm bekannte gemeinsame Freundin mir erzählt, daß er an einer Form der Epilepsie litt, die den Betroffenen durch Warnungszeichen auf das Nahen des Anfalls vorbereitet – Rindenepilepsie, die damals noch völlig unheilbar war! Hätte er mir die Wahrheit eingestanden, so hätte ich ihn trotzdem geheiratet; er war es mir wert!

Statt dessen kam wenige Tage später eine große Kiste ins Haus, mit allen Geschenken der letzten Jahre. Obenauf lag eine Grammophonplatte mit dem Text: »Warum denn weinen, wenn zwei auseinandergeh'n, wenn an der nächsten Ecke gleich fünf andre steh'n.« Es war furchtbar, aber es war die Replik auf den wortlos zurückgeschickten Ring.

Ich lag dann Monate lang zu Bett und mußte erst langsam wieder ins Leben zurückfinden. Ich wußte nicht, was größer war, der Schmerz über den Verlust oder der über die Mißachtung meiner Person, die ihm nicht wert genug gewesen war, um mir die Wahrheit mitzuteilen.

Offenbar überwand diese Kränkung mit der Zeit die abklingende Liebe, denn als mir Jahre später eine Vermittlerin die Anfrage überbrachte, ob wir nicht wenigstens wieder freundschaftliche Beziehungen aufnehmen könnten, erfolgte meinerseits eine glatte Ablehnung.

Frühe Freundschaft

Als junges Mädchen aus gutem Hause wurde ich häufig zu Tanzfesten eingeladen, mir ein Greuel. Deutlich erinnere ich mich an das Zusammenfallen eines Konzertes des Rosée-Quartettes – letzte Beethoven-Quartette – mit einem solchen Tanzabend, den zu besuchen ich, da es sich um Freunde meiner Eltern handelte, auferlegt bekam. Liebenswürdig empfing mich die Mutter mehrerer Töchter mit den Worten: »Wie nett, daß du gekommen bist.« Sie wußte von meiner Antipathie gegen Tanzereien und wollte mich ermuntern, doch erhielt sie von mir die der Wahrheit entsprechende unliebenswürdige Antwort: »Ich wäre heute abend viel lieber beim Rosée-Quartett, aber das haben meine Eltern nicht erlaubt.«

Nun, es gab wieder einmal eine Tanzfesteinladung im Hause eines prominenten Musik- und Bücherfreundes. So gegen spät abends suchte ich unbemerkt zu entwischen, aber der Hausherr verhinderte dies und erklärte, daß es um Mitternacht noch ein Glas Sekt gäbe, da müsse ich mitmachen. Als er meine enttäuschte Miene sah, erkundigte er sich, ob ich denn nicht gern tanze, und wahrheitsgemäß gab ich Bescheid. Freundlich wurde ich gefragt, ob ich lieber einmal mit Erwachsenen zusammen eingeladen wäre. Nach freudiger Bejahung erhielt ich bald darauf eine Einladung, zusammen mit dem Vorstand der Bibliophilen-Gesellschaft, denn er wußte um meine Bücherliebe. Ich war glückselig, und es dauerte nicht lange, da gehörte auch ich zum Vorstand dieser illustren Gesellschaft; ich, kaum dem Backfischalter entwachsen, zusammen mit dem Bibliotheksdirektor, dem Museumsdirektor und den Vorständen wissenschaftlicher Gesellschaften.

Sehr bald durfte ich in dem mit vielen Kunstwerken versehenen großen Haus ungehindert ein und aus gehen, die umfangreiche Bibliothek auch außerhalb der öffentlichen Stunden benutzen und unter Hinterlassung einer entsprechenden Notiz ein für mich wichtiges Buch entleihen. Es war wunderbar! Die ganze Familie, Vater, Mutter, zwei Söhne und zwei Töchter, gehörten rasch zu meinen engsten Freunden.

Man traf dort viele Größen der Musik, Bruno Walter, Strawinsky und andere. Gern zeigte der Hausherr die Neuzugänge seiner herrlichen Musikbibliothek, die heute eine Zierde des Britischen Museums in London ist und deren Katalog vier stattliche Bände umfaßt.

Solange ich in der Familie war, der Hausmusik zuhören durfte, war ich beseligt, aber sobald Galadiners stattfanden, flüchtete ich in die Nähe der Erzieherin der Kinder. Ich war viel zu scheu, um mich unter die Berühmtheiten zu mischen, und wenn ich es tat, ging es fast allemal schief. So sprach man einmal über Handlesekunst. Ich hatte mich mit dergleichen ein wenig befaßt und erbot mich, einer jungen, eleganten, mir unbekannten Dame aus der Hand zu lesen. Lebenslinie, Venusberg und andere Merkmale waren mir vertraut. Die Dame wollte gern wissen, ob sie Kinder bekäme und wieviele, und ich las aus den entsprechenden Handlinien, daß sie vier Kinder haben würde. Alles drängte sich heran, Damen und Herren. Unter den letzteren war einer besonders eifrig, und auch er fragte nach der Zahl seiner künftigen Nachkommen. In seiner Hand stand geschrieben, daß es dreie sein würden. Er war der jungverheiratete Ehemann jener Dame! Tableau! So zog ich mich in aller Zukunft still ins Gouvernanteneckchen zurück. Als ich dann selbst verheiratet war, wurde mein Mann rasch beliebt in diesem Hause, und namentlich die älteste Tochter, Igel genannt, ging bei uns nach Herzenslust ein und aus. In einem späteren Kapitel meiner Memoiren wird weiteres über diese Familie und ihre Schicksale zu lesen sein.

Die erste italienische Reise

Eines Tages brachte mein Vater einen Gast mit zu Tisch, der ihn als entfernter Verwandter in der Bank aufgesucht hatte, einen lebhaften, dunkelhaarigen, sonnenverbrannten Italiener, der jedoch fließend deutsch sprach. Ich antwortete ihm in der Sprache seiner Heimat, und sofort entspann sich eine angeregte Unterhaltung zwischen uns, die zu einer Einladung führte, ihn und die Seinen in Florenz zu besuchen. Ich war damals einige zwanzig Jahre alt, und begeistert stimmte ich dem Vorschlag zu; dies um so bereitwilliger , da ich zu jener Zeit außer Beruf war, nachdem sich die Erlernung der Kunst des Buchbindens als unergiebig für mich erwiesen hatte und ein Zeichenkursus mangels Begabung zu nichts führte.

Im Frühjahr also, nicht allzu lange nach Kriegsende, trat ich die Reise an. Ursprünglich sollte mich Albano an der Schweizer Grenze abholen, aber sein Projekt zerschlug sich, und ich stand allein am Schweizer Grenzübergang. Strenge Devisenbestimmungen veranlaßten eine Kontrolle meiner Bargeldbestände, die bis zur Leibesvisitation durchgeführt wurde. Schließlich durfte ich die Fahrt nach Italien fortsetzen. Ich hatte mir, eingedenk meiner Lateinkenntnisse, entsprechend der »celeritas« aus dem Kursbuch einen »Accellerato« bis Bologna ausgesucht, in der Meinung, das sei die schnellstmögliche Beförderungsart. Unterwegs kamen mir in Anbetracht des Haltens an jedem kleinen Lausenest und des sehr gemäßigten Tempos der Dampflokomotive denn doch Bedenken an der Richtigkeit meiner durch Latinität gewonnenen Erkenntnis. Schließlich langten wir doch in Bologna an, und ich nächtigte in einem Bahnhofshotel, wo ich zu früher Stunde nach dem Frühstückszimmer fragte. Verständnislos sah der Portier mich an und machte mir klar, daß ich »fuori«, also draußen, zu frühstücken hätte. Am Ende der Straße sah ich einen gut gewachsenen Offizier in großer Gala, gewiß ein hohes Tier! Ich wandte mich also an ihn, um ein geeignetes Frühstückslokal zu erfahren. Er war freundlich, erkannte an meinem kümmerlichen Gestammel die Fremde, schaute auf die Uhr und sagte, erst in einer halben Stunde würden die Cafés drüben in der Hauptstraße geöffnet. So marschierte ich anhand meines Baedekers zunächst nach San Petronio, wohnte einer Frühmesse bei und kam dann zu dem ersehnten Frühstück. Inzwischen hatte ich unterwegs weitere ebenso schöne Offiziere gesehen, die nichts anderes waren als Carabinieri, Schutzmänner! Ich hatte einen sorgsam zusammengestellten Tagesplan für die Sehenswürdigkeiten der Stadt. Zunächst klappte alles vorzüglich, aber als gegen Mittag die appetitlich gedeckten Tische auf offener Straße sich bevölkerten, meldete sich der Hunger, und ich nahm an einem solchen Tischchen Platz. Der Kellner legte mir die Speisekarte vor, ich wählte, und alsdann fragte er: »Bianco o nero?« Ich antwortete: »Nero«, worauf er mir sagte: »Mezzo litro«. Da ich nicht wußte, wie ein Viertele auf italienisch zu sagen war, ließ ich es gut sein. Es schmeckte mir, und der Wein war vorzüglich. Dann fragte ich mich nach meinem Hotel durch, um vor dem Nachmittagsprogramm eine kleine Siesta einzuschieben. Als ich von der Siesta erwachte, war es sieben Uhr abends! Nur noch Zeit für einen kurzen Bummel und Abendbrot, denn mein nächster Accellerato bis Florenz startete zu früher Morgenstunde. Er schlich durch Weinkulturen, und es war alles neu und erfreulich!

Erwartet hatte ich, daß mich Albano am Bahnhof in Empfang nehmen würde, den Ankunftstag hatte ich geschrieben, den Zug konnte man damals wegen der Grenzschwierigkeiten nicht genau angeben. Späterhin erfuhr ich, daß Albano an mehreren Schnellzügen mich erwartet hatte, aber daß ich mit einem Accellerato kommen würde, war nicht von ihm vorgesehen. Da ich niemand am Bahnhof vorfand, fragte ich nach dem »Viale Eugenio«, zog, Köfferchen in der Hand, los. Man hatte mir die Auskunft erteilt, daß die Viali rings um die Stadt liefen, darunter gäbe es wohl auch einen »Viale Eugenio«. Ich ging und ging kilometerweise. Nachdem ich fast die ganze Stadt Florenz umwandert hatte, fand sich denn auch der »Viale Eugenio«. Ich war gelandet und wurde mit Jubel begrüßt. Es gab Erklärungen hin und her.

Ich hatte vermeint, fließend italienisch zu sprechen. Das war ein Irrtum. Die Volubilität der Sprechweise strafte mich Lügen. Erst sehr allmählich begann ich zu verstehen und mitreden zu können. Am besten ging es, wenn nur einer sich mit mir unterhielt. Auch dauerte es lange, bis ich klar bekam, wer zu wem gehörte. Daß Albano verheiratet war, wußte ich, auch daß er eine Schwester hatte, die im gleichen Hause wohnte. Dann gab es aber eine Reihe von jungen Leuten, beider Geschlechter, die ich erst nach und nach als verheiratete Brüder und Schwägerinnen von Albano begriff, gekommen, um mich zu begrüßen!

Das Erstaunlichste war Elisa, die Schwester von Albano, ein auffallender Römerinnenkopf. Sie hatte ungewöhnliche Kenntnisse auf vielen Gebieten. Wir redeten bis in die halbe Nacht zusammen, tasteten ab, wozu die eine und die andere stand. Als sie fragte: »Ti piace Back?« mußte ich schamrot gestehen, daß ich ihn nicht kannte, worauf sie sich an den Flügel setzte und eine Bach'sche Fuge spielte. Das also war Back! Damit war die Freundschaft geschlossen. Fast gleichaltrig, war mir Lisa weit über. Griechisch und Latein selbstverständlich, aber auch ägyptische Bilderschrift wußte sie zu lesen, gelernt bei ihrem Großvater, dem Senatore Comparetti, einem polyglotten Gelehrten, der den Stolz der Familie bildete und den ich bereits am nächsten Tage aufzusuchen die Ehre hatte. Er hat mir späterhin eines seiner Hauptwerke: »Virgilio nell Medio Evo« mit eigenhändiger Widmung dediziert, und noch heute besitze ich die beiden Bände. Er war oft bei Milanis zu Tisch, wo es sehr international zuging, und da er annähernd zwanzig Sprachen beherrschte, unterhielt er sich mit den Gästen aller Länder in deren Muttersprache. Seiner Hauswirtschafterin – er war verwitwet – hatte er das klassische Griechisch beigebracht. Kurzum, er war ein Phänomen und Lisa seine würdige Enkelin. Durch seine verstorbene Gattin waren wir miteinander verwandt, denn eine Schwester meines Vaters war mit einem Mitglied der gleichen russischen Familie verheiratet, der auch sie angehört hatte.

Herrliche Wochen verbrachte ich damals im Hause Milani. Es ist müßig, hier von den Eindrücken zu berichten, die ich von den Kunstwerken in Florenz empfing, aber für mich blühte eine neue Welt auf, eine Welt, die fortan einen Umschwung in mein Dasein brachte. Als ich die Heimfahrt antrat, stand fest, daß ich im nächsten Jahre wiederkäme! Und Jahr für Jahr war ich fortab in Italien.

Die zweite italienische Reise

Im nächsten Frühjahr war ich bei Milanis in deren Landhaus am Meer in Castiglioncello. Albano hatte mir von der Einfachheit dieses Landhauses erzählt. Wie erstaunt war ich, als mich seine reizende Gattin Alice und er, begleitet von einer englischen Nurse, die einen Säugling auf dem Arm hielt, empfingen. Eine Lancia brachte uns zum einfachen Landhaus, das sich als eine geräumige Villa am Meer mit eigenem Segelboot und vielerlei schönen Dingen, unter anderem auch einer Kopie des Echnaton-Sessels aus Kairo, präsentierte. Lisa begrüßte mich im Badeanzug. Es war Stil des Hauses, bis zur Teestunde im Badekostüm zu verbleiben, dann aber in gepflegtester Aufmachung die Tee- und Abendstunden zu verbringen. Um einen quadratischen Innenhof lagen die Zimmer, alle mit gleichen Glastüren versehen, so daß ich, der ich keinen rechten Ortssinn hatte, mich ständig im Zimmer irrte. Da führte mein aus der Kinderzeit haftengebliebener Kurzname »Maus« auf die gute Idee, mein Zimmer mit der Bezeichnung »Mausoleum« zu versehen!

Das Palais Wertheimber
an der Zeppelin-Allee
vor der Zerstörung
(Gartenansicht)

Auch weitere Familienmitglieder tauchten von Zeit zu Zeit in Castiglioncello auf. Unklar blieben die Berufstätigkeiten des männlichen Teils der Familie. Es ist denn auch späterhin mancherlei in die Brüche gegangen, aber in diesen ersten Jahren einer durchs ganze Leben weiter geführten Freundschaft war alles Glanz, Glück und Sonnenschein. Es gab Kinder, deren Heranwachsen ich miterlebte, gab Sport, Spiel und Sachlichkeit im Stillen. Bücher hatte es im Haus am »Viale Eugenio« gegeben und Bücher aller Arten, in allen Sprachen, gab es auch hier. Freunde des Hauses, die ebenfalls Villen am Meer hatten, kamen zu Besuch, unter anderen der Orientalist der Florentiner Universität mit seinen beiden Söhnen, die, damit sie in den Ferien nicht gänzlich verdummten, vom Vater Sprachunterricht im Malaiischen, einer primitiven und leicht faßbaren Sprache, bekamen, von der sie erzählten. Elisa und ich fragten, ob wir am Unterricht teilnehmen dürften, was bejaht wurde. Albano und Alice folgten, und sehr bald trafen sich bei untergehender Sonne auf einer Terrasse am Meer die gesamten Intellektuellen von Castiglioncello!

Vormittags segelte und schwamm man miteinander und lag in der Sonne, aß Anchovisbrötchen und baute Luftschlösser. Angehende Musiker waren dabei, so Mario Castelnuovo-Tedesco, dann gab es auch Schreibende und Dichtende. Es war eine beglückende und beglückte Atmosphäre! Tage und Wochen vergingen im Flug, und als für mich die Abschiedsstunde schlug, war ihr die Bitternis genommen durch den Plan, im folgenden Jahre eine große Reise zusammen mit Elisa durch ganz Italien bis hinunter nach Sizilien und zu den Resten der griechischen Altertümer zu unternehmen.

Was ich nach der Rückkehr aus Italien trieb, ist mir heute völlig unklar. Ob ich mich auf das Haustöchterlein beschränkt oder wieder einen mißglückten Berufsanlauf genommen hatte, weil ich in der dumpfen Westendatmosphäre erstickte, ist mir entfallen. Irgendwann hatte ich auch einen

Kochkursus absolviert, mit hocherfreulichem Resultat, sowohl für den lieblich schwäbelnden Meister des Kochlöffels wie für mich. Das kam so: Wir waren etwa ein Dutzend junger Mädchen »aus gutem Hause«, die paar- und wechselweise die Herstellung von Suppen, Vorspeisen, edlen Gemüsen, Braten, Süßspeisen und feinem Gebäck erlernten. Irgendwie wurde es ruchbar, daß ich eine Bankausbildung hatte, was dazu führte, daß der Spätzle-Chef mich beiseite nahm und bat, ihm doch zu sagen, wie er seine Ersparnisse gut anlegen könne. Ich versah ihn mit einigen Börsentips und erbat mir nun meinerseits eine Gunst von ihm, nämlich meine lateinischen Vokabeln abzuhören, was er denn auch täglich nach Beendigung des Kochunterrichts tat. Jahre später begegneten wir uns noch einmal, und er erinnerte sich meiner in Dankbarkeit, denn Fortuna war ihm hold gewesen, so daß meine Börsentips ihm Segen einbrachten.

Ich las viel und mit bewußter Auswahl, lernte bibliophile Finessen erkennen und begann Bücher zu horten, Erstausgaben der deutschen Literatur, Drucke berühmter Offizinen, illustrierte Bücher des 18. Jahrhunderts. Daneben hörte ich Vorlesungen an der Frankfurter Universität, einen bunten Salat verschiedenster Disziplinen, da es mir im wesentlichen auf das Wie, also den Dozenten, ankam. Das Was konnte man sich aus Büchern holen, aber die Vorlesungen von Walter F. Otto über die Religion der Griechen, von Karl Reinhardt über Homer, Plato und Platonismus und über die griechische Tragödie, dann die kunstwissenschaftlichen Darlegungen des Archäologen Hans Schrader waren ein Erlebnis! Außerdem gab es eine glänzende Strafrechtseinführung von Professor Freudenthal und schließlich die von orientalischer Mystik durchwobenen Vorträge von Martin Buber!

Die dritte italienische Reise

Es kam der nächste Frühling und mit ihm die Italienreise. Mein Vater ließ mich gerne ziehen, da die verunglückte vierte Verlobung und Beinahe-Heirat noch immer ihre Schatten über mich breiteten. Ein paar Tage bei Milanis, dann mit Elisa zunächst auf mehrere Wochen nach Rom. Wir lebten in einer gut empfohlenen Pension, die, zentral gelegen, durchaus respektabel für junge Mädchen aus gutem Hause war. Die einzige Erinnerung an sie, die hängen blieb, ist der monotone Zuruf einer geplagten Mutter an ihr herumturnendes Töchterchen: »Titi, vieni qua«.

Rom – eine Welt für sich, sobald man die moderne Stadt ausschaltet und auf den Spuren der Antike wandelt. Vom Forum Romanum bis zur Via Appia, von der Trajanssäule bis zu den Katakombengräbern der frühen Christen steht man auf klassischem Boden. Zunächst war es überwältigend. Dann kam der Tag, an dem wir beide einfach nicht mehr konnten und in den Zoo zu den Affen flüchteten. Zwischenhinein glänzende Opernaufführungen und dies oder jenes Konzert! Wir hatten nur den Wunsch: Jetzt in Castiglioncello mit dem Meer ringsum!

Wir waren nicht undankbar, nur überfordert. Erst als wir vernünftig wurden, zu der Einsicht kamen, daß es besser sei, weniger intensiv zu erfassen und zu erschauen, als alles sehen zu wollen, was die Antike uns bot, gelang es uns, mit einem Auswahlprogramm mehr zu erreichen als bisher mit unserer Sucht, nichts auslassen zu wollen. Die »Geburt der Venus« im Museo Nazionale, das genügte uns für einen Vormittag. Da wir nichts mehr mußten, war es reine Beglückung.

Auf diese Weise sahen wir Teile von Rom, das Nichtgesehene auf spätere Zeiten, die folgen sollten – und auch tatsächlich kamen – verschiebend. Die römischen Tage waren gezählt, denn wir hatten noch Neapel und Sizilien auf unserem Programm.

Wohlversehen mit Empfehlungsschreiben des Nonno Comparetti an die Museumsdirektoren, trafen wir in einem eleganten Hotel am Posilipo ein. Zunächst begrenzten wir uns auf die Sehenswürdigkeiten der Stadt. In dem herrlichen Museum war es die Dionysos-Büste, römische Kopie nach einem griechischen Original des 5. Jahrhunderts v. Chr., die es mir angetan hatte. Dieser edle Profilkopf des reifen Mannes mit dem nach innen gerichteten Ausdruck war mir Sinnbild Platos. Damals ging mir die reife Klassik des Griechentums über alles, und erst sehr viel später begriff ich die Machtfülle der griechischen Kunst der Frühzeit. Viele Jahre danach fand ich vor jener Büste, die mir das Sinnbild Platos war, einen jungen Deutschen und kam mit ihm ins Gespräch. Er war Student der Bautechnik, aber durch die in Neapel erlebten Eindrücke sattelte er um zur Archäologie!

Wir teilten nunmehr unsere Tage in Vormittage, der Kunst gewidmet, und Nachmittage am Meer und unter den Pinien des Vomero. Dann kamen die Tagesausflüge nach Pompeji, zum Kloster der Camaldolenser Mönche, nach Pozzuoli mit seinen Schwefelbergen und schließlich nach Amalfi zur Blauen Grotte. Um keine lästigen Pfennigrechnereien zu haben, hatten wir uns wochenweise das Amt des Wirtschafters zuerteilt. Ich war dran, als wir uns nach Amalfi einschifften, um die berühmte Blaue Grotte zu besuchen. Da wir beide gern für uns blieben, hatten wir uns bei der Rückfahrt an der äußersten Spitze des Schiffs auf einem Haufen zusammengerollter Seile niedergelassen. Auf meinen Knien lag die Handtasche, die Paß, Portemonnaie, Kofferschlüssel und weitere Preziosen enthielt. Sanft glitt sie von meinen Knien hinab ins blau-blaue Meer. Ein Blick zu Elisa, und der Schreck saß uns in den Gliedern, denn sie hatte, da ich ja Kassenwart war, nichts, aber auch rein gar nichts an Geld bei sich.

Wir überlegten, was zu tun sei, bemerkten unter den Passagieren einen dunkelhäutigen Herrn, der mit uns im gleichen Hotel am Posilipo wohnte. An diesen wandten wir uns, ihm das Vorgefallene erklärend, mit der Bitte, uns 5 Lire zum Ausbooten zu leihen. Als er auf unsere italienische Ansprache nicht reagierte, wiederholten wir Erzählung und Bitte in englischer Sprache, was uns die Antwort eintrug: »Ask somebody whom you know«. Tief geknickt wandten wir uns nun an italienische Passagiere, die auch bereit waren, uns die 5 Lire zu leihen. Als es ans Adressentauschen ging und wir den Namen und die Zimmernummer unseres Hotels nannten, fand sich der Dunkelhäutige plötzlich bereit, uns mit dem erbetenen Geldbetrag auszuhelfen. Das kommt davon, wenn man das Sprichwort mißachtet, daß Kleider Leute machen.

Das Taxi, das uns heimbrachte, zahlte der Hotelportier, worauf wir ihn umgehend baten, 5 Lire, denen wir ein Dankeswort beilegten, nach dem Zimmer des betreffenden Herrn zu schicken. Dann warfen wir uns in unsere beste Kluft, legten entsprechenden Schmuck an und rauschten verspätet in den Speisesaal.

Der dunkle Kavalier erhob sich von seinem Tisch, stammelte Entschuldigungsworte und erklärte sich bereit, mit jeder gewünschten Summe auszuhelfen, was nicht nötig war, da Elisa im Hotel Geld vorgefunden hatte. Mein Koffer wurde nächsten Tages geöffnet und mittels Kreditbriefes war ich auch wieder flott. Der Hauptkummer war der Verlust des Reisepasses, ohne den ich nicht heimkehren konnte. Ich schrieb also umgehend an die Meinen und bat um einen Ersatzpaß, der nach Palermo geschickt werden sollte. Dort, im Hotel des Palmes, war unser Hauptquartier, und von da strahlten wir aus. Nach 14 Tagen sollte ich über Florenz nach Hause fahren, während Elisa noch bei Freunden in Sizilien blieb.

Täglich fragte ich auf der Post nach dem erwarteten Paß. Schließlich riet man mir, mich an das deutsche Konsulat zu wenden. Ich stellte mich dort persönlich vor, erzählte mein Mißgeschick, dann rief ich ein über den anderen Tag an. Der

Paß kam nicht! Nach drei wunderbaren Wochen unter Palmen beschloß ich, nach Florenz zu fahren, um mit Albanos Hilfe beim deutschen Konsul einen Grenzübertrittsschein zu erwirken. So kehrte ich denn im Sommer heim.

Eines Herbsttages wurde ich auf mein zuständiges Polizeirevier geladen. Dort befragte man mich, ob ich vor einem guten Vierteljahr einen Ersatzpaß beantragt hätte, denn ein solcher sei nunmehr von Palermo zurückgeschickt worden. Was war geschehen? Man hatte den Paß auf der Ausfertigungsstelle mit deutschen Buchstaben adressiert, die kein Italiener entziffern konnte. Vorschriftsmäßig lagerte der Paß ein Vierteljahr auf der Post von Palermo, dann ging er an den Absender zurück.

Ehe ich das Kapitel über die dritte italienische Reise beschließe, möchte ich im Rückblick die schönsten Tage unseres Aufenthaltes in Sizilien wenigstens kurz aufleuchten lassen. Es war in Taormina, wir saßen hoch oben auf dem Kastell, blickten hinunter auf das Theater und die wunderbare Landschaft ringsum. Dann lasen wir miteinander Platons »Phaidros«! Fast täglich kehrten wir zu unserem Hochsitz zurück und lasen ein Stück weiter, nahmen in uns das Gleichnis von den beiden Pferden auf, freuten uns am Geist dieses Gleichnisses, freuten uns an der edlen Form der Reden, freuten uns an den Resten des griechischen Theaters und dem Ausblick in die weite Landschaft und empfanden noch einmal den Zauber des Griechentums. Das war wohl das Beste unserer gemeinsamen italienischen Reise.

Wenig später teilte mir Elisa ihre Verlobung mit Gino Frontali mit, einem Kinderarzt, der in Ägypten geboren, doch polyglott war und in kurzer Zeit unser Freund werden sollte. Ja, lieber Leser, unser Freund, denn im Abstand von einigen Monaten folgte ich Elisas Beispiel und zeitigte meine fünfte und letzte Verlobung, die unmittelbar zur Heirat führte, zur Heirat mit Beda von Müller, wie er sich diskret in der ersten Auflage des Buches über seine kulinarischen Lehr- und Wanderjahre nannte. Doch darüber im nächsten Kapitel.

Die fünfte und letzte Verlobung

Der erste Weltkrieg war zwar vorüber, aber die durch ihn entstandene Wohnungsnot keineswegs behoben. Eine Verwandte aus meiner mütterlichen Familie, alternd und unverheiratet doch begütert, bewohnte eine hochherrschaftliche Etage und bekam infolgedessen Zwangseinquartierung. Zunächst beherbergte sie einen georginischen Fürsten, und als dieser verzog, folgte ihm ein Schlesier blauen Geblütes. Er brachte außer einer Nackenrolle beträchtlicher Größe, mit der ihn seine ehemalige Wirtin aus Frankfurts Patriziertum zum Abschied beglückt hatte, viele Bücher mit. Rasch wurde er mit seiner neuen Vermieterin vertraut, wie aus einem der letzten Kapitel der Memoiren des Beda von Müller zu ersehen ist. Dort steht auch einiges über das erste Zusammentreffen von Beda und mir, der schwachsinnigen Tochter des Börsenkönigs, in dessen Palast ich schweig- und gehorsam zu Diensten stand. Die dort erwähnte braune Lederweste hat seitdem alle Phasen meines Daseins miterlebt und existiert als Erinnerungsstück heute noch!

Beda hat die Tatsache unserer Verlobung sehr summarisch in einem einzigen Satz zusammengefaßt. Dabei war die Sachlage, eingedenk meiner früheren Anläufe, die ich, ehe ich mein Jawort gab, alle gewissenhaft beichtete, eine höchst komplizierte. Als Beda meinen Vater aufsuchte und um seine Einwilligung bat, wobei er ihm gleichfalls gewissenhaft seine Umstände beichtete, namentlich die Tatsache des dreijährigen Davoser Aufenthaltes zwecks Ausheilung eines Lungenblutsturzes, verlangte sein zukünftiger Schwiegervater, daß sich der etwaige Schwiegersohn zuvor von einem mit Namen bezeichneten Arzt untersuchen lasse, diesen von der Schweigepflicht entbinde und ein Attest über den Gesundheitszustand erbringe. Das weitere fände sich dann.

Als gehorsamer Schwiegersohn in spe überbrachte Beda am nächsten Tage das gewünschte Dokument und begab sich ins Grüne, um in der Nähe des Bankgebäudes auf und ab zu wandeln, von wo er geziemend Nachricht erhalten sollte.

Mein Vater, der weder Latinist noch Mediziner war, besah sich das Attest von allen Seiten, aber er wurde und wurde nicht recht klug daraus. Schließlich griff er zum Telefon, erreichte einen ihm befreundeten Mediziner, erbat dessen umgehenden Besuch mittels Taxi und bekam durch diesen die fraglichen Fachausdrücke erläutert. Derweilen lief mein armer Beda immer in den Grünanlagen auf kurzer Strecke hin und her, um ja den Boten nicht zu versäumen, der ihn holen sollte!

Diese Geduldsprüfung belehrte meinen Vater sowohl über den medizinischen Zustand des Bewerbers als auch über die Zuverlässigkeit seines Charakters sowie über den Grad der Gefühle, die er mir gegenüber hegte.

Unkundig dieser Vorgänge, hielt ich mich derweil in Universitätsvorlesungen auf und erfuhr erst durch eine wundervolle Orchidee in meinem Serviettenring und ein zusätzliches Gedeck, daß die Verlobung perfekt war!

Dann vertraute mir Beda die Bedingungen an, unter welchen unsere Verlobung genehmigt wurde:

1. Keine katholische Trauung,
2. sofortiges Aufgebot und schnellstmögliche Heirat,
3. Wohnung im geräumigen väterlichen Palais.

Von einer etwaigen Mitgift war kein Wort gefallen, weder von der einen noch von der anderen Seite, und das blieb auch so. Uns beiden ward von alledem so dumm, als ginge uns ein Mühlrad im Kopfe herum, und erst als wir endlich allein waren, fanden wir oben in meinem Zimmer zwischen Büchern und schönen Dingen unser eigentliches Ich wieder.

Das Hochzeitsbild
24. März 1923

Allein der Klang seiner Stimme beseligte mich, war sie doch die nämliche Schlesierweise, die mich in ihren belehrenden Mitteilungen zwei Jahre lang vom Westendblabla zu vernünftigem Denken und Diskutieren erzogen hatte.

Am 2. Februar 1923 hatte ich Beda zum ersten Male gesehen, und am 24. März fand unsere Hochzeit statt, unter dem allgemeinen Mißtrauen von Eltern, Verwandten und Freunden meinerseits und der Zweifel hegenden Ansprache des Pfarrers unserer evangelisch-reformierten Kirche, der dennoch die feierlichen Worte über die Lippen brachte: »Bis daß der Tod Euch scheidet!« Fünfundvierzig Jahre haben wir miteinander verbracht, im Guten wie im Bösen, und erst der Tod hat uns getrennt, aber mich nicht von Beda geschieden, wie dieses Buch darlegen möchte. Das war nicht mein Verdienst, sondern seines, zu verdanken seiner unendlichen Geduld, seiner Güte und seinem Edelmut!

Verheiratet ohne Ehestand

Einer unserer Vettern hat in jener ersten Zeit unserer Ehe den Sachverhalt so ausgedrückt: »Ihr lebt in einem konzessionierten Verhältnis!« Mein Vater hatte mir am Tag der Eheschließung ein Schreiben überreicht, in dem er mir eine Monatsrente in der Höhe des Einkommens meines Mannes, der damals Staatsanwalt war, zusagte. Materielle Sorgen hatten wir also nicht.

Zunächst galt es, mich in die schlesische Familie einzuführen, insbesondere dem Schwiegervater zu präsentieren, der aus Gesundheitsgründen nicht an der Hochzeit teilnehmen konnte. Meine Schwiegermutter hatte im ersten Hotel der Stadt das Fürstenzimmer für uns bestellt, ein vor einem halben Jahrhundert sicherlich wahrhaft fürstliches Prunkgemach mit sehr viel rotem Plüsch, jedoch ohne Bad und fließendes Wasser. Reichlich mit großen Topfpflanzen von der Familie versehen, war diese Behausung in meinen Augen mehr fürchterlich als fürstlich, und klammheimlich fragte ich den Portier, ob es wohl in diesem berühmten Hotel auch Zimmer mit Bad gäbe, was er bejahte. Dann mußte überlegt werden, ob und inwieweit wir die Familie, insbesondere meine Schwiegermutter, kränkten und schockierten, wenn wir, auf Fürstenrang, Plüsch und Blumenstöcke verzichtend, in ein Zimmer mit Bad umzogen. Wir riskierten es, was mir wohl den ersten schlechten Strich bei den mehrfach vorhandenen alten Jungfern der Familie eintrug.

Als wir im Laufe des Tages bei Bedas Eltern eintrafen, war der Empfang von großer Herzlichkeit, doch kam die Mutter zu keiner rechten Ruhe, und schließlich stellte sich heraus, daß sie ein regelrechtes Programm für unsere Woche in Schlesien entworfen hatte, dessen Einhaltung durch Festlegung der Speisefolgen abgesichert werden sollte. Für jeden Tag hatte sich meine Schwiegermutter unter Verständigung mit den zu Mahlzeiten einladenden Familienmitgliedern eine Speisenfolge ausgedacht, die dann auf einem Schreibblock festgelegt wurde. Unglückseligerweise war dieser Schreibblock ein Printator, und unversehens drückte ich aufs Knöpfchen – weg waren alle Speisenfolgen! Der zweite schlechte Strich für mich!

Wenn das so weitergehen sollte, würde ich als schwärzestes Familienschaf heimkehren! Und es ging so weiter, ich trat in viele Fettnäpfchen, und erst als wir, in einer Pause der zu meiner Ehre erdachten kulinarischen Darbietungen, in der Stadtbibliothek die um 1470 für Herzog Antoine von Burgund entstandene Froissart'sche Chronik mit den Miniaturen von Mazerolle und anderen zu sehen bekamen, wurde mir wohl und heimisch. Ich vermute, daß niemand von meinen neuen Familienangehörigen dieses miniierte Werk jemals angesehen hat! Daß ich von ihm wußte, hatte ich natürlich Bedas schlesischem Vorgänger zu verdanken. Nachdem ich sichtlich unter den Sehenswürdigkeiten der Stadt aufgeblüht war und mich von den anstrengenden Gastmählern der schlesischen Familie erholt hatte, galt es – wohl auf Gegenseitigkeit beruhend – als ausgemacht, daß wir tunlichst Distanz hielten, und ich bin erst später, viel später, nach beiderseitig erlebten Unbilden des zweiten Weltkrieges und Dritten Reiches, mit meinen schlesischen Familienangehörigen – von einigen Ausnahmen abgesehen – in wahrhaft freundschaftlichen Kontakt gekommen.

Beda hatte im Beruf den wohltuenden Halt seines Alltages, aber ich fiel wiederum dem Westendtreiben anheim, was meinen Hang zum Einsiedlertum noch bestärkte. Doch das Schicksal sollte mir, wie noch oft in meinem späteren Leben, ohne mein Zutun weiterhelfen.

Durch meine Bücherliebe kannte ich den Inhaber und Leiter einer Jugendbücherstube, der selber ein Schicksal hinter und vor sich hatte. Seine Anfänge hat er im Büchlein »Von Menschen, Büchern und einer Geige« erzählt, und dieser Tage schickte er mir die Mitteilung von der Auflösung seines großen und berühmten Antiquariats, das er nach der Vertreibung aus Deutschland gegründet hatte, aus einer New Yorker Zeitung! Mehr als ein halbes Jahrhundert währt unsere Freundschaft.

Ihn traf ich eines Tages, nicht allzu lange nach meiner Verheiratung, auf der Straße, und er sprach mit Begeisterung von seinem neuesten Plan, ein Antiquariat einzurichten. Er habe die Bestände eines solchen aufgekauft, ich könne sie im Keller seiner Bücherstube besichtigen. Mit Spannung folgte ich ihm dorthin. Da lagen Bücher haufenweise übereinander, Gutes und Schlechtes, von Frühdrucken bis zu verwetzten Reclam-Heftchen. Ich war mir sofort klar, daß hier unter viel Schutt sicher Wertvolles zu finden sein würde. Zunächst müßte alles auf Vollständigkeit geprüft werden, frühe und erste Ausgaben waren in ihrem Wert zu bestimmen, kurzum, jemand mit antiquarischen Kenntnissen müßte sich der unsortiert toten Masse annehmen. Als der Freund und Buchhändler äußerte, er suche einen Antiquar, war ich sogleich bereit, dieses Amt zu übernehmen. Von alten Büchern verstand ich wirklich etwas, und mit Beda würde ich keine Schwierigkeiten haben, da er verstand, daß ich zu Hause nutzlos, untätig und unglücklich herumsaß. Nach Rücksprache mit ihm trat ich bald darauf mit festem Vertrag als Antiquar in der Bücherstube ein. Doch zuvor fuhren wir noch in Ferien, auch weil zunächst ein geeignetes Lokal für unser Antiquariat gefunden werden mußte.

Die erste gemeinsame Italienreise

Mein Reiseziel stand fest, aber auch Beda hatte etwas Bestimmtes ins Auge gefaßt, nämlich Davos. Alles, nur nicht das, hätte ich akzeptiert! In den Zauberberg, da hinauf, wo die Krankheit das einzig Gesunde war und alles sich um die Krankheit drehte, bis die Menschen nichts mehr vom Leben im Tiefland wissen wollten, verloren für die Schönheit der Welt und des Lebens! Kategorisch sagte ich nein zu diesem Vorhaben. Dann nannte ich mein Ziel: Florenz! – Worauf mir bedeutet wurde, daß ein deutscher Staatsbeamter nicht ins Ausland reise. Zu jenem Zeitpunkt trug Beda noch einen hohen, sehr steifen Stehkragen, und ein winziges Hütchen zierte seinen edlen Kopf. »Schön«, sagte ich, »dann bleibt der deutsche Beamte zu Hause, wo er ja gut versorgt ist, und ich fahre eben allein!« So willigte er denn ein, und ich komponierte uns für die restlichen vierzehn Tage unseres Urlaubs eine wohltemperierte Italienreise!

Beginnend mit der landschaftlich so herrlichen Fahrt über den Brenner, um als erste Station Verona zu haben, mit seinen schönen alten Palästen und der Piazza delle Erbe. Ich hatte richtig getippt: Die Fahrt am Gardasee vorbei, die Stille der Landschaft, die reizvolle Behäbigkeit der kleinen Orte, dann inmitten des Prunks der prachtvollen Paläste die gemütlichen kleinen Tische in der noch sonnenwarmen Abendluft, der Teller mit Spaghetti al sugo, die wohltönende Sprache, alles kam zusammen, um dem Beda, der ja nicht unempfindlich für die Reize von Natur und Kunst war, zu schmeicheln und ihm vom ersten Eindruck an Italien lieb und wert zu machen.

Von Verona fuhren wir in Etappen nach Florenz, und alles genoß Beda in vollen Zügen. Für Florenz hatten wir noch eine runde Woche, dann ginge es über die Schweiz zurück. Wie würde es sein mit Elisa und ihrem Gatten? Es war so einfach. Gerade, offene Menschen alle vier, und der Kontakt war sofort da! Sprachlich keinerlei Schwierigkeiten – Beda sprach ebenso fließend italienisch wie Gino deutsch, da dieser ein paar Semester in Deutschland studiert hatte. Es war alles goldrichtig, die natürliche warme Menschlichkeit bestimmte alles, und ohne viele Worte entstand eine Freundschaft für alle Zeiten. Das sicherte uns vor zu vielem Sehen auf einen Sitz, es war überall ein Anfang für Beda, dem Fortsetzungen folgen würden. Auch Milanis wurden gleich mit Beda warm, und es stellte sich heraus, daß sie den großen Wiener Namensträger kannten, verbunden durch archäologische Interessen, war er doch der Besitzer eines wundervollen griechischen Marmorreliefs, während Albano den berühmten Apollon Milani, den sein Vater ausgegraben hatte, in seinem Hause behielt, nachdem das Florentiner Archäologische Museum sich geweigert hatte, den geforderten Sonderraum für diese archaische Skulptur zu bewilligen. So nahmen wir unser Mittagsmahl in Gesellschaft dieses herrlichen Kunstwerks ein. In späteren Jahren ist es dann doch in das Archäologische Museum von Florenz überführt worden, dessen Leiter Albanos Vater gewesen ist.

Wir kehrten erfüllt und beglückt heim. Inzwischen war auch ein Unterkommen für das Antiquariat der Bücherstube gefunden, so daß ich meinen Dienst antreten konnte. Doch möchte ich zuvor noch der Merkwürdigkeit gedenken, daß in unserer Ehe nicht nur ich durch die Florentiner Freunde eine

Verbindung zur Archäologie hatte, auch Beda war mit dieser Wissenschaft, und zwar speziell mit dem Griechentum, durch Freundesbande verknüpft. Sein Freund war eben jener Ordinarius unserer Universität, dessen Vorlesungen ich besucht hatte. Er, seine Gattin und ihre vier erwachsenen Kinder gehörten bald zu unserem engsten Freundeskreis, und noch immer bin ich mit dem einzigen überlebenden Familienmitglied, der jüngsten Tochter, in Verbindung! Der Einfluß dieser von beiden Seiten bestehenden Verbindung mit Gelehrten der Archäologie, insbesondere solchen aus der Welt der Griechen, hat sich segensreich für uns ausgewirkt, worüber späterhin zu berichten sein wird. Doch nun zurück zu Büchern und der Bücherstube.

Mein neuer Beruf: Antiquar der Bücherstube

Vom ersten Tage an machte dieser Beruf mir große Freude. Es war ein ständiges Geben und Nehmen, das nun meine Tage erfüllte. Was ich durch meine Bücherliebe gelernt hatte, konnte ich anbringen, und zugleich erhielt ich durch unsere Bestände aus dem vom Chef übernommenen Antiquariat neue Kenntnisse! Aber das Allerbeste war die Atmosphäre der Bücherstube, entstanden unter dem Triumvirat von Hilde, Walter und Richard. Dabei war Hilde nicht nur Walters Frau und Richards Schwägerin, sondern auch die Mutter sämtlicher Angestellten, für deren große und kleine Sorgen sie Verständnis hatte. Sie strahlte Wärme und Güte aus, vielleicht entstanden aus ihrem eigenen schweren Schicksal.

Als die Bücherstube noch in den Kinderschuhen steckte, trugen allmorgendlich ein Knabe und ein Mädchen die Zeitung aus und sahen mit großen Augen nach der Bücherpracht. Da fragte sie der Chef, ob sie gerne läsen, und als sie bejahten, schenkte er jedem ein Buch und ließ sich später von den vermeintlichen Geschwistern berichten, wie ihnen die Bücher gefielen. So nach und nach erfuhr er, daß die beiden nicht Geschwister waren, sondern eine junge Witwe und deren Schwager. Hilde hatte in sehr jungen Jahren einen Schwindsüchtigen geheiratet, der nach kurzer Zeit verstarb. Dies begab sich in Schlesien und vom Krieg vertrieben, wanderten die beiden mit der Mutter und Schwiegermutter Hildes aus und landeten in meiner Vaterstadt. Mein Chef hat dann die beiden, Hilde und Richard, in die Bücherstube aufgenommen und nach kurzer Zeit erkannt, welchen prachtvollen Menschen er mit Hilde vor sich hatte. Sie gewannen sich lieb und heirateten, wobei Walter also gleich zwei Schwiegermütter mitbekam. Dieser Schwiegermütter sei hier in Dankbarkeit gedacht, denn sie gestalteten meinem Beda viele Weihnachten zu besonderen Festtagen durch die polnischen Karpfen, die sie für uns bereiteten.

In der Bücherstube versah ich meinen Dienst offenbar zur Zufriedenheit meines Chefs. Das Antiquariat gedieh, und bald wurde eine weitere Hilfskraft eingestellt, Tochter aus gutem Hause. Wir behabten uns freundschaftlich.

Inzwischen gab es durch den niedrigen Währungsstand in Frankreich dort eine gute Einkaufsmöglichkeit für Antiquare. Walter fragte mich, ob ich für ihn zum Einkauf nach Paris fahren wolle, was ich freudig bejahte, obwohl ich Paris nicht kannte, aber dort eine Cousine von väterlicher Seite hatte, die mir mit Rat und Tat beistehen konnte.

Wir vereinbarten, daß ich zehn Tage in Paris verbringen könne, die halbe Zeit zum Einkauf und die weitere Hälfte auf eigene Kappe zum Plaisirvergnügen. Beda war einverstanden, meine Pariser Cousine, die ich benachrichtigte, ebenfalls, und so fuhr Lenchen in die Fremde!

Meine Cousine hatte mir im Hôtel du Louvre Quartier gemacht, da dieses zentral gelegen war und sie in einer Vorstadt wohnte. Sie liebte Kleider, Schmuck und Theater, hatte aber nur wenig Interesse für Kunst und gar keines für alte Bücher. So verbrachte ich meine Vormittage in Antiquariaten und machte manchen guten Fang. Zu Tisch war ich meist allein, um alsdann im Louvre und in den Museen zu weilen, sah damals auch zum ersten Male im Musée Cluny die berühmte Teppichfolge der Dame à la Licorne, die späterhin eine Rolle in meinem literarischen Leben spielen sollte. Abends besuchte ich dann mit meiner Cousine das Theater und nach heftigem Sträuben von ihr auch die klassische Comédie Française.

Die damals bestrenommierten Restaurants für meine außerordentlich gepflegten, doch nicht übermäßig substantiellen Mahlzeiten aufsuchend, saß ich eines Tages bei Champignons à la Pérouse und einem herrlichen alten Burgunder zu Tisch, als ich bemerkte, daß mein Tischnachbar wiederholt herübersah, weniger nach mir blickend, als nach meinem auf dem Tisch liegenden Zigarettenetui, einer reizenden Tabatière des Empire. Schließlich erhob er sich, grüßte höflich und redete mich in bestem Französisch an, fragend, ob ich ihm wohl sagen könne, wie ich zu der Tabatière gekommen sei, die einstmals ihm gehört habe. Ich gab ihm Bescheid, daß es ein Geschenk meines Mannes sei, worauf er in deutscher Sprache erstaunt ausrief: »Dann haben Sie also den – und er nannte Bedas vollen Namen – geheiratet«, und sich vorstellte. Sein Name war mir nicht unbekannt, denn seine Mutter war eine Freundin einer meiner Verwandten, ja ich erinnerte mich, daß er eine der Tanzgesellschaften in meines Vaters Haus besucht hatte. Kurzum, wir unterhielten uns lange und angeregt, er war belesen und kultiviert, und wir verabredeten ein neues Treffen für den nächsten Tag.

Naiv, wie ich noch heute bin, dachte ich mir nichts Böses dabei, und wir schrieben eine nette gemeinsame Karte an meinen Beda. Es waren ohnehin nur noch wenige Tage, die ich in Paris zu verbringen hatte. Meine Büchermission war erfüllt, ich hatte lediglich die Verpackung der Sendung zu überwachen, wollte am übernächsten Abend noch auf drin-

Die Verfasserin
photographiert von ihrem Gatten

gendes Anraten meiner Cousine gemeinsam mit ihr und weiteren Bekannten den Bal de la Couture, also den Ball der hohen Schneiderkunst, besuchen, ehe ich heimkehrte.

Ich war beim Umkleiden für dieses Fest, als ich ein Telegramm von Beda erhielt: »Bitte sofort nach Hause kommen.« Ich fürchtete, jemand der Meinen sei erkrankt oder verunglückt, und bestellte mir ein dringendes Telefongespräch mit zu Hause. Inzwischen war ein zweites, diesmal dringendes Telegramm gleichen Inhalts eingetroffen. Ich bat meine Cousine, die Büchersendung verpacken zu lassen, schickte an die Bahn um ein Billet für den Nachtschnellzug und wartete angstvoll auf das bestellte Telefongespräch. Als es kam, war Beda am Apparat. Nein, es sei niemand krank oder verunglückt, aber ich solle sofort nach Hause kommen!

Wutentbrannt hängte ich den Hörer auf und beriet mit meiner inzwischen eingetroffenen Cousine die weiteren Schritte. Dann gab ich ein Telegramm folgenden Inhalts auf: »Infolge Schreck Brechdurchfall, komme sobald gesund.« Darauf besuchten wir wie vorgesehen den Ball der Schneiderzunft, ich überwachte nächsten Tages selbst die Spedition der Beute für die Bücherstube und blieb drei Tage länger, als ursprünglich vorgesehen, in Paris. Auch schrieb ich meinem Beda einen Brief, in dem ich ihm mitteilte, daß eine Fortführung unserer auf gegenseitiges absolutes Vertrauen gegründeten Ehe nunmehr hinfällig sei und er sich mit dem Gedanken der Trennung befassen möge.

Als ich zu Hause eintraf, holte mich nur meine Mutter am Bahnhof ab und bat mich, doch einzulenken, Beda säße herum und heulte. Er habe ja nur auf Wunsch meines Vaters die Telegramme geschickt. Das war für mich ein neuer Aspekt, und so söhnten wir uns aus, aber ich gab zu verstehen, daß ich nur in Freiheit gedeihen könne, dafür aber verspräche, nie und nichts ohne Bedas Wissen zu unternehmen, was ich in jeder Situation, schon aus Achtung vor uns beiden, gehalten habe.

Hätte ich nicht den Hintergrund der Bücherstube gehabt, so wäre bei dem Zusammenleben mit meinem Vater, der es gut meinte, aber autoritär war, sicher ein Unglück passiert. Damals brachte er unsere Ehe um Haaresbreite zum Scheitern. Er selbst muß wohl den Mißstand der Situation des »konzessionierten Verhältnisses« erkannt oder mein Wirken in der Bücherstube als Blamage für sich empfunden haben, denn eines Tages fragte er mich, wie lange ich »diesen Unfug« noch zu betreiben gedenke, wozu ich still und ergeben meinte: »Bis ich einen eigenen Hausstand habe«, worauf er erwiderte, ich dürfte mir eine Wohnung suchen. Damit fand die dritte Bedingung, die er für meine Heirat gestellt hatte, ihre Erledigung. Vielleicht waren ihm auch die grotesken Situationen, die sich aus der Divergenz meiner Tätigkeit – damals war Arbeit in gehobenen Kreisen nicht üblich –, der sozialen Stellung meines Mannes und seiner eigenen ergaben, doch peinlich. So erlebte ich einmal zu meinem intensiven Vergnügen, wie eine mir unbekannte Dame der Gesellschaft sich von mir alte botanische Werke vorlegen ließ und wie ich diese Dame dann in einer Abendgesellschaft, Beda im Frack, ich im Pariser Paillettenabendkleid, – gekauft auf Betreiben meiner Cousine –, wiedersah. Sie erklärte mir, ich müsse eine Doppelgängerin haben, was ich verneinte und den Tatbestand erläuterte.

Die wunderschönen Tage der Bücherstubentätigkeit fanden also ihr Ende, nicht aber die Freundschaft mit meinem Chef und den Seinen. Noch während ich dies niederschreibe, ist Richard auf dem Weg zu mir ins Altenwohnheim.

Eigene Häuslichkeit

Wir hatten uns nach unserer Decke zu strecken, die beschnitten wurde durch die Fürsorge für Bedas Eltern. Diese, zu alt um die wirtschaftlichen Verhältnisse nach dem ersten

Kriege noch richtig zu erfassen, legten Bargeld auf die hohe Kante, so daß es in der ersten Inflation zu annähernd nichts zerrann. Da sie unbelehrbar blieben, schickten wir Viktualien und andere Nützlichkeiten.

Der Zufall kam uns bei der Wohnungssuche zu Hilfe, und wir fanden ein reizendes Häuschen in einer Vorstadt. Es hatte vier Wohnräume mit einem großen Kachelofen, zwei Mansarden und einem kleinen Garten, spottbillig, genau was wir brauchten, was aber keineswegs als »standesgemäß« in den Augen meines Vaters erschien, der uns lieber in einer Dreizimmerwohnung in der Bratengegend gesehen hätte!

Wir mieteten also und zogen, versehen mit einer Hilfskraft aus dem elterlichen Palais, in unser erstes Häuschen. Im Sommer benötigten wir keinen Ofen, und erst im Herbst entpuppte sich unser Ofen zwar als große Zimmerzier, aber er heizte entweder die beiden unteren oder die beiden oberen Räume, je nachdem man seine Klappe einstellte. Also wurde in einem der oberen Räume ein weiterer Kachelofen angebracht, mit schöner Möglichkeit für Bratäpfel versehen. Dann schafften wir uns einen Hund als Wächter des Hauses an, einen rassereinen Terrier mit Stammbaum, spottbillig und auf den Namen Cyprian getauft, nach einem christlichen Märtyrer aus Karthago, dessen Namenstag auf den 16. September fiel. Von alledem wußte unser Cyprian gar nichts und hatte keinerlei Märtyrerallüren, im Gegenteil wurden die anderen Hunde unseres Distrikts von ihm zu Märtyrern gemacht, und wir hatten ständig empörte Nachbarn zu beruhigen, zerrissene Kleider mit Geldbußen auszugleichen und den Hundearzt zu bezahlen! Dennoch liebten wir den Cyprian und waren tiefbetrübt, als wir ihn bei der Rückkehr von unserer Frühjahrsreise nicht mehr vorfanden: meine Mutter hatte ihn unter der Bedingung, daß er nicht zurückgegeben werden dürfe, verschenkt, und nach einem Vierteljahr wurde er vom neuen Eigentümer unter der gleichen Bedingung weiterverschenkt. Ja, ja, die spottbilligen Käufe haben es immer in sich!

Cyprians Nachfolger war das Mückiki, ein schmächtiger Griffon Bruxellerois, der niemand was zuleide tat, weil er dazu nicht imstande war, zierlich aber uninteressant.

Wir waren verliebt in unser häusliches Idyll mit der Umgebung von Wiesen und Feldern, lagen an sonnigen Nachmittagen im Grünen und vergaßen einst dabei eine feierliche Einladung in superfeinem Landhaus. Ein nächsten Tages übermittelter großer Blumenstrauß machte die Sache nicht besser, und wir wurden nie wieder dort eingeladen, was völlig in unserem Sinne lag.

Für dieses erste Häuschen entstanden, von einem alten Schreiner gefertigt, gleichmäßig schöne Bücherregale aus Nußbaumholz; die Einlagen der geschlossenen Schränke aus einer gleichen Wurzel gefertigt. Im Lauf der Jahre, als Bücher zu Büchern kamen, vermehrten sich diese Regale, und noch heute umgibt mich ein Restbestand der Arbeit des alten Handwerkers, der ein Künstler seines Faches war, doch leider schließlich im Suff unterging. Die übrige Einrichtung hatten wir uns in der Altstadt zusammengekauft, nur das Schafzimmer war Schleiflack und indifferent. Wir lebten in und mit der Natur, hatten oft und gerne Gäste und waren eigentlich gar nicht entzückt, als nach Ablauf des dreijährigen Mietvertrages mein Vater meinte, es sei nun an der Zeit, uns ein standesgemäßes Haus im Westend zu kaufen! Er ging auf die Suche und schlug uns Häuser vor, die zumeist nicht unser Geschmack waren. Schließlich fand sich etwas, das man mit einigen kleinen Änderungen, so meinte ich, wohl in ein unserem Wesen gemäßes Wohnhaus verwandeln könnte.

Das Haus im Westend

Mein Vater bestellte für die von mir gewünschten kleinen Änderungen einen Bauführer der großen Firma, die zur Kundschaft seiner Bank zählte. Folgende Änderungen schienen mir unumgänglich: Die falsche Balkendecke des Hauptwohnraumes mußte entfernt werden, die offene Loggia, ungeeignet für unser deutsches Klima, sollte zum geschlossenen Wintergarten umgewandelt werden, und die Einbauschränke der beiden Schlafzimmer waren an die Schleiflackmöbel farblich anzugleichen. Das andere waren Bagatellen, so etwa die Entfernung einer gläsernen Schiebetür zwischen den beiden Wohnräumen im Parterre, da wir aus ihnen einen einzigen Raum für unsere Bibliothek machen wollten. Diesmal bewilligte mein Vater alles, da er endlich von der Bonität unserer Ehe überzeugt war.

Ich erkundigte mich bei dem Herrn Bauführer, wie lange Zeit diese Änderungen benötigten, erhielt die Antwort, ein bis zwei Monate, und kündigte unser liebes Landhäuschen vorsichtshalber auf ein Vierteljahr. Bisher hatte ich stets mit den Handwerkern, die für mich arbeiten sollten, direkt verhandelt. Diesmal saß der Herr Bauführer dazwischen. Es ging und ging nicht vorwärts mit den Änderungen. Ein einziges altes Männchen betätigte sich, und was es schaffte, war untauglich. Eine Schleiflackschublade hatte er als Farbmuster vor sich stehen. Er lieferte statt der silbergrauen Musterfarbe ein stumpfes Bleigrau, das an Gefängnismöbel erinnerte, und meinte: »Ja, da sticht's doch besser ab.« Er mußte die Farbe wieder ablaugen und neu anfangen. Die falschen Deckenbalken waren bald herunterbefördert, aber nun mußte die Decke neu gestrichen werden, um zu der des zweiten Raumes zu passen. Und die Eisenträger für den Wintergarten kamen und kamen nicht! Erst als ich dem Bauführer erklärte, daß wir zum festgesetzten Termin ausziehen müßten, das Mobiliar beim Spediteur unterstellen und uns selbst in einer Pension unterbringen würden, und zwar dies alles auf Kosten seiner Baufirma, kam nach Ablauf fast eines Vierteljahres Leben in die Sache. Urplötzlich erschien ein Heer von Handwerkern. Als Beda seiner Befriedigung über die endlich in Angriff genommene Arbeit Ausdruck gab, blickte der Bauführer seufzend zu mir herüber und sprach dann: »Und mit der Frau sind Sie verheiratet«.

Inzwischen hatten wir für das größere Haus, das so westendlich hochfein war, daß es Telefone im Farbton der Zimmer gab, die noch fehlende Möblierung in vielen Suchgängen durch die Altstadt zusammengetragen. Nach einer Vorschau von mir, mit Reservierung auf den Samstag, erfolgte Samstagnachmittag dann von Beda seine Ablehnung oder Zustimmung. Reizende Möbel: eine blau und goldene venezianische Rokokogarnitur von Tisch, Sofa und zwei Stühlchen für den Wintergarten, eine Biedermeier-Brezelstuhl-Garnitur mit Tisch, der auf Löwenpranken ruhte, für ein kleines Parterrezimmer, dazu ein Biedermeierlüster mit Kerzen, kurzum, es wurde der Grundstock zu einem kleinen Museum gelegt.

Merkwürdigerweise gab es keinerlei Einwände seitens meines Vaters, der endlich begriff, daß er ein Juwel an Schwiegersohn hatte, und nun stolz auf ihn war! Auch mag es sein, daß die eleganten Häuser, die wir frequentierten, ihn veranlaßten, aus Gründen seines Dekorums uns in eine bessere Umgebung einzubetten, als sie das bescheidene Vorstadthäuschen abgab. Dort hatten wir angesehene Freunde trotz des verschiedenen Milieus bei uns gehabt, nun wurden wir Westendler!

War es ein Glück für uns? Kaum, und es dauerte nicht allzu lange. Die ganze Herrlichkeit fand mit dem »Schwarzen Freitag« der Banken ihr Ende. Mein Vater berief uns zu sich, schlug uns vor, die Möbel in einem Raum zusammenzustellen, damit er das Haus vermieten könne, für uns sei Platz genug in seinem Haus. Wir sahen die Situation ein, aber wir waren nicht bereit, nochmals ins Palais zu ziehen. Dagegen waren wir erbötig, in bescheidenen Verhältnissen, aber selbständig zu leben. Er sagte zu, die bei der Hochzeit gegebene Erklärung einzuhalten, und wir gingen, froh dem Westend zu entkommen, erneut in unserer geliebten Vorstadt auf Suche. Wieder hatten wir Glück: Es fand sich ein Doppelhaus mit

Flachdach, dessen eine Hälfte frei und für einen sehr niedrigen Preis zu mieten war. Haus mit Garten und der Möglichkeit zur Unterbringung unserer umfangreichen Bibliothek – es war ein Wunder! Erbaut war das einfache, aber geschmackvolle Häuschen für einen Zeitungsredakteur und seine Frau, die Turnlehrerin war, wofür sie einen großen Raum benötigte! Gerade was wir brauchten! So zogen wir erneut um.

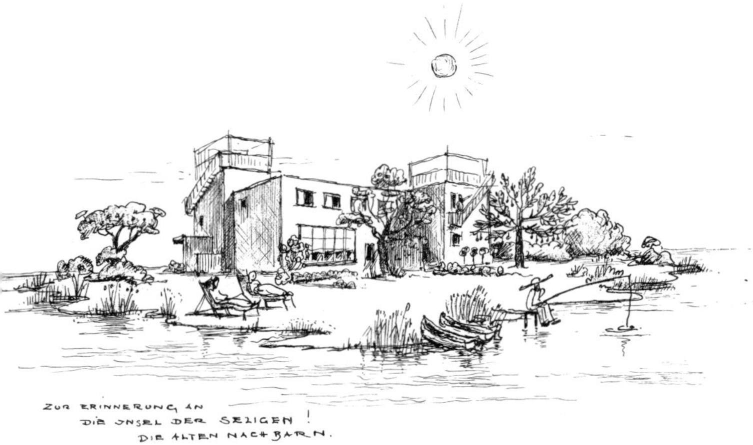

Unser drittes Haus

Wir fanden nicht nur unsere alte Glückseligkeit wieder, sondern obendrein nette und dauernde Freunde. Unser erster Hausnachbar war ein Maler, der bald auszog. Es folgte ihm ein Innenarchitekt mit Frau und Tochter, mit dem wir rasch warm wurden. Er hat uns späterhin eine reizende Zeichnung unseres Häuschens im Grünen gemacht und mit der Unterschrift versehen: »Die Insel der Seligen«.

Daß es hie und da auch in dieser ländlichen Seligkeit

Konflikte gab, versteht sich. Wir waren beide Menschen von Fleisch und Blut und als solche nicht immer unbedingt derselben Meinung. Doch immer suchten wir gemeinsam nach der bestmöglichen Lösung entstandener Konflikte. So, wie ich die unechte Balkendecke im Westendhaus hatte entfernen lassen, so entfernten wir auch aus unserem Zusammenleben alles, was nicht echt war, als unsrer unwürdig. Was auch immer vorfiel, wir gehörten mit Geist und Seele zusammen. Uns regierte Eros, und das machte unsere Gemeinsamkeit unlöslich.

Wenige Tage nach dem Einzug sahen wir zwei in blaue gestrickte Pullover gekleidete Knaben, die Ball spielten. Zu ihnen gesellte sich ein älterer, leicht gehbehinderter Herr, der durch den Lattenzaun des nahen Hauses eine Katze streichelte. Bald erfuhr ich, daß es sich um Nachbarn handelte, die um mehrere Ecken herum mit meiner Familie mütterlicherseits entfernt verwandt waren. Wir stellten uns als neue Nachbarn vor, und es entwickelte sich mit der ganzen Familie, Eltern mit vier Kindern, zwei Buben und zwei Mädchen, warme Freundschaft mit ständigem Hin und Her von Haus zu Haus. Ja, das war wieder unsere Atmosphäre, einfach, gerade und echt, kein künstliches gezüchtetes Gehabe der haute snoberie aus dem Westend, die ein Marcel Proust so gut zu schildern gewußt hat und der wir in unserem eleganten Hause zu verfallen drohten. Und nicht nur dies: der Lebensweise jener hochgezüchteten Edelinge unkundig, wären wir auch angeeckt. Beda zwar keineswegs, denn er war als Edelmann und letzter Ritter unschlagbar, aber ich in meiner impulsiven Offenheit, die ich nicht anders zu sein vermochte, als ich war! Das kostete mich bittere Tränen, und in meiner Herzensnot nahm ich damals das Angebot einer am Kunstgewerbemuseum tätigen Freundin dankbar an, für dieses Museum die dortige Stammbuchsammlung zu inventarisieren. Allmorgendlich, wenn Beda zum Dienst fuhr, wanderte ich mit meinem großen Zottelbär, einem altenglischen Schäferhund, Abschiedsgeschenk einer mir lieben Freundin, die ihr Haus auflöste, ins Kunstgewerbemuseum und arbeitete. Das Material war so interessant, so reizend in der Ausstattung, daß ich um die Erlaubnis nachsuchte, darüber zu publizieren. So entstanden die ersten wissenschaftlich-literarischen Arbeiten von mir, kleine Zeitschriftenartikel, denen bald ein großes dreibändiges Werk folgen sollte.

Dazu kam es auf folgende Weise: Die Bibliophilen-Gesellschaft, deren Vorstand ich angehörte, pflegte alljährlich eine Ausstellung zu veranstalten, über deren Thema sich der Vorstand einigte. Man schrieb damals das Jahr 1930. Im Jahre zuvor hatte die Bibliophilen-Gesellschaft unter meiner Mitwirkung eine Lessing-Ausstellung in den reizvollen Räumen des damals noch intakten Thurn- und Taxis'schen Palais gezeigt. Das Material, die Bücher aus jener Epoche, brachte mich auf den Gedanken, eine Ausstellung der deutschen Buchillustration des 18. Jahrhunderts vorzuschlagen, über die es außer der bilderlosen Bibliographie von Arthur Rümann und kleineren Einzelarbeiten nichts Zusammenfassendes und gut Illustriertes gab, während das französische Dixhuitième immer wieder hervorgehoben wurde. Mein Vorschlag fand Anklang, zumal eine reiche Goethe-Sonderbibliothek meiner Vaterstadt ein Großteil dieser Bücher barg. Als Autor eines entsprechenden Werkes dachte ich mir den Generaldirektor unserer Bibliotheken, der bereits über einen der Illustratoren geschrieben hatte. Zur Mitarbeit, insbesondere durch die Übernahme der Register, die er von seinen Untergebenen anfertigen lassen konnte, war er gerne bereit, aber die Hauptarbeit sollte mir anheimgegeben werden, da es ihm aus beruflichen Gründen an der notwendigen Zeit fehlte. Ich wurde gebeten, zunächst einen Plan dieser Arbeit aufzustellen. Es ergab sich die Einteilung in drei zeitlich aufeinanderfolgende Epochen. Wir wurden uns darüber klar, daß ein so umfangreiches Werk nur in Gemeinschaft und unter Zusammenwirkung mehrerer Stellen veranstaltet werden konnte. In der Maximilian-Gesellschaft einerseits und in Professor Anton Kippenberg, dem bekannten Goethe-Sammler, anderseits, der auch die Verlegung des Werkes in seinem Insel-Verlag zu übernehmen bereit war, fanden sich die nötigen Mitwirkenden, und ich erhielt in Gemeinschaft mit dem Generaldirektor unserer Bibliotheken den Auftrag, jeweils für die drei folgenden Jahre, 1931, 1932 und 1933, einen Band fertigzustellen. Damit war ich für lange Zeit festgelegt, aber auch gesichert, denn eine Tätigkeit war für mich das beste Fundament für die Stabilität unserer Ehe, die für Beda den Unterbau seiner tiefen Religiosität hatte. Durch unsere im Krankenhaus erfolgte katholische Nachtrauung, über die Beda in seinen »Kulinarischen Lehr- und Wanderjahren« berichtet hat, fand er Halt und Trost in allen schwierigen Ereignissen, die schon bald auf uns einströmen sollten.

Einstweilen lebten wir glücklich und zufrieden in unserem Idyll im Grünen, unterbrochen durch die obligate Italienreise der Ferienzeit, die neuerdings mit einer Seereise auf einem der kleinen Frachter des Lloyd Triestino verbunden wurde. Etwa zehn bis zwanzig Passagiere gab es auf diesen Schiffchen neben Ladegut jeder Art, von Orangenbäumchen über Ziegenherden bis zu Kühen. Die Passagierkabinen waren schneeig weiß, und die Fahrten im Mittelmeer gaben uns tagsüber, während ein- und ausgeladen wurde, Gelegenheit, Städte aller Art zu sehen, Museen oder Schwimmgelegenheiten nach Lust und Laune zu besuchen und irgendwo faul in der Sonne zu liegen. Fuhr man auf hoher See, so holte uns der Kapitän häufig auf die Kommandobrücke. Am nachtblauen Himmel erglänzten die Sterne so intensiv wie nie in unseren nördlichen Gefilden. Man sprach über dies und das oder schwieg still vor sich hin, eingehüllt in den Zauber dieser Fahrten, die uns nach Sizilien, nach Malta, nach Rhodos oder Kreta führten. Erfüllt von allem Schönen, das wir gesehen und erlebt hatten, kehrten wir heim in den tiefen Frieden der Insel der Seligen!

Der Anbruch des Dritten Reiches

Noch ehe Hitler an der Macht war, brachte ein hellsichtiges Familienmitglied aus meiner väterlichen Linie eines Tages »Mein Kampf« ins Haus mit den Worten: »Das müßt Ihr lesen, damit Ihr wißt, was auf uns zukommt«. Wir lasen es, aber da wir völlig unpolitisch waren und das, was sich später abspielte, einfach nicht im Bereich unseres Fassungsvermögens lag, widmeten wir uns weiterhin den Büchern, der Kunst und Musik.

Nach der Machtergreifung kam sehr bald der erste »Judenboykott«, der sich in unserem Kreis dahin gehend auswirkte, daß der jüngste Sohn unserer Freunde mit der kostbaren Musikbibliothek aus der Schule heimgeschickt wurde und gesagt bekam, er brauche nie mehr wiederzukommen. Sehr bald besuchte er ein Schweizer Internat. Für einen Onkel von ihm, einem bedeutenden Kunstsammler, war das ein Warnungszeichen, er löste seine deutschen Verbindlichkeiten, um sich in der Schweiz niederzulassen. Mit seiner Auswanderung verlor Deutschland beträchtliches Kulturgut, aber das war damals den Horden wildgewordener Jugendlicher völlig gleichgültig; später sollte das anders werden. Wir blieben zunächst unbehelligt, ja ich erhielt eine Aufforderung, der Reichsschrifttumskammer beizutreten, die umgehend von mir vernichtet wurde. Später ließ man solche Versuche denn auch bleiben und registrierte mich um auf die Seite der zu Verfolgenden. Bis Weihnachten wußten alle, wo wir standen, und nur noch die alte Inhaberin des Papiergeschäftes bot mir freundlich lächelnd Hitler-Kalender an. Als ich abwehrend verneinte, lächelte sie weiter und meinte: »Aber doch für Ihre Freunde!« Sie war ganz schockiert, als ich erklärte, meine Freunde machten sich nichts aus so etwas.

Damit waren die Grenzen abgesteckt, und wir wurden entsprechend eingereiht. Hätten wir die ganze Tragweite unserer Haltung begriffen, dann weiß ich nicht, ob wir uns bei klarem Bewußtsein so verhalten haben würden. Ich will uns nicht besser erscheinen lassen als andere, sondern nur das uns gemäße Verhalten darlegen, wie es aus unserer Mischung von Gutmütigkeit und Naivität entsprang.

So wenig waren wir uns der Gefahr, die uns nunmehr bedrohte, bewußt, daß Beda in seinem Amtszimmer weiterhin ein großes gemaltes Portrait von mir hängen ließ und, darauf aufmerksam gemacht worden, daß er kein Bild des Führers in seinem Dienstzimmer habe, ein solches, aus einer Illustrierten entnommen, mit Reißzwecken an der Tür befestigte. Nunmehr wurde ihm bedeutet, daß es nicht angängig sei, das Bildnis einer Jüdin im gleichen Raum mit dem Führerbildnis zu haben, worauf er das Hitlerbild wieder entfernte, bemerkend, das andere Bild sei zuerst dagewesen.

Schließlich war das Maß voll, nachdem der alte Justizrat, der bei uns im Hause verkehrte, Nichtarier, im Amtszimmer Bedas einen Stuhl angeboten bekommen hatte, allwelches von einem unteren Organ, einem strammen Nazi, sofort gemeldet wurde.

Eines Tages, als Beda sich gerade an den Mittagstisch gesetzt hatte, rief einer der Herren vom Gericht an, er möge sofort kommen, in einer wichtigen Angelegenheit. Er bat, wenigstens seine Mahlzeit einnehmen zu dürfen, dann käme er mit einem Taxi.

Nach Abwesenheit von einer guten Stunde kehrte er, bleich wie ein Leintuch, zurück und sagte nur: »Sie haben mich rausgeschmissen«. Es war vorgesehen, ihn disziplinariter zu entlassen, aber da er viele Freunde bei Gericht hatte, erreichten diese die Pensionierung; eine außergesetzliche Maßnahme, wenn nicht Gesundheitsgründe vorlagen. So wurde ihm dieser Gnadenweg vorgeschlagen, mit dem er sich einverstanden erklären sollte. Das aber wollte er zuerst mit mir besprechen. Hinterher kam mir die Vermutung, ob man ihm etwa die Trennung von mir vorgeschlagen hatte, um ihm damit seinen Posten zu sichern. Wir haben nie darüber miteinander gesprochen. Jedenfalls akzeptierte er die Pensionierung, und das war sein und mein Glück!

Denn was nunmehr kam, von Beamten gefordert wurde, das hätte Beda als Edelmann, der er war, nie und nimmer gutheißen können. So war er allem entronnen, und ich fühlte mich zu einer Wiedergutmachung auf geistigem Gebiete verpflichtet, was wiederum gut für uns beide war.

Gemeinsame Arbeit

Nun begann unsere so glückerfüllte Zeit gemeinsamer geistiger Arbeit. Der Zufall hatte es gewollt, daß wir damals, als kleinen Dank für einen Ferienaufenthalt bei Milanis, unsere erste griechische Münze erworben hatten, gedacht als Geschenk für Albano, der von seinem Vater einige griechische Münzen geerbt hatte, die er sehr schätzte. Beraten vom besten Münzhändler unserer Stadt, erwarben wir eine silberne Didrachme von Elea, feinster Stil, die auf der Vorderseite den Kopf der Athene im attischen Helm aufwies, auf dem Revers einen stehenden Löwen, im Münzabschnitt den Stadtnamen in seiner römischen Form und im Genitiv stehend »Veleton«, um zu sagen, Geld derer von Velia. Bedas Steckenpferd war zeitlebens das Photographieren, und so nahm er auch diese Münze auf, und zwar in vergrößerter Form. Wir staunten beide über das Ergebnis: dieses etwa 2 cm große Stückchen geprägten Silbers hielt ohne weiteres eine mehr als fünffache Vergrößerung aus.

Von da an sammelten wir mit Liebe und Leidenschaft griechische Münzen, die uns viel von der Lebensfülle und Gestaltungskraft der Griechen lehrten, aber uns auch als Spiegelbild griechischer Religion und Geschichte, griechischer Schönheitsliebe und griechischen Wirtschaftslebens kostbar wurden, unsere Kenntnis der Antike neu belebten. Wir hatten zunächst weitere griechische Münzen mit der freundlichen Erlaubnis des Münzhändlers, mit dem wir rasch auf freundschaftlichem Fuße standen – der Name Milani-Comparetti war ihm wohlbekannt – aufgenommen und vergrößert, als eines Tages mein ehemaliger Chef aus der Bücherstube diese Aufnahmen bei uns sah und uns vorschlug, sie bei seiner bevorstehenden Reise nach München dem Verleger Dr. Ernst Heimeran vorzuzeigen, um ihn zu animieren, ein Buch über griechische Münzen herauszubringen.

Nach seiner Rückkehr berichtete er uns, daß Dr. Heimeran auf seinen Vorschlag hin, noch ehe er die Bilder gesehen hatte, schroff ablehnend gemeint hätte, damit könne man keinen Hund hinter dem Ofen hervorlocken. Erst nach beendeter Geschäftsverhandlung hatte unser Freund die Münzaufnahmen auf den Tisch gelegt, und Heimerans Augen begannen zu leuchten, er war plötzlich Feuer und Flamme für die Publikation und sagte zu, an uns zu schreiben.

Wenige Tage später kam Heimerans Anfrage, wie wir uns das Buch dächten. Wir überlegten und schrieben, man müsse zunächst gutes Material finden, was durch unsere Ferienreisen im Mittelmeer mit dem Besuch von Münzkabinetten wohl zu bewerkstelligen sei, dann etwa 35 bis 40 Bilder auswählen und jeweils zu einer Bildseite auf der Gegenseite den zugehörigen Text bringen, damit der träge Laie nicht nur die Bilder blätternd in sich aufnähme, sondern auch die Texte läse. Eine kurze Einführung solle über Wesen und Entstehung griechischer Münzen unterrichten. Rasch wurden wir mit Dr. Heimeran einig, und zur nächsten Herbstmesse erschien unser gemeinsamer Erstling. Mein Name blieb, da ich nicht der Reichskulturkammer angehörte, ungenannt, und so trug der Band nur Bedas Namen, bekam den populären Titel »Schönes Geld der alten Welt« und fand rasch zahlreiche Käufer. Heute ist, trotz einer hohen Auflage, nicht ein einziges Exemplar mehr aufzutreiben. Selbstverständlich ist es ein Laienbuch, denn wir waren damals kaum mit der Materie vertraut, für die Texte kamen mir die besuchten Kollegs bei Reinhardt, Otto und Schrader zugute, aber im Grunde ging es mir wie dem Reiter überm Bodensee!

Später gewann ich die Überzeugung, daß es nur zwei Möglichkeiten gibt, Bücher zu schreiben: Entweder man beherrscht sein Thema so gründlich, daß man die bisherige Literatur darüber überflügelt und Neues bringt, oder man schreibt aus warmem Herzen. Unser gemeinsamer Erstling ist wahrhaft aus warmem Herzen entstanden.

Zu unserer Genugtuung und Freude hat das »Schöne Geld der alten Welt« von vielen Seiten her Nachfolge gefunden, und die Publikationen über griechische Kunst haben fortan auch griechische Münzbilder einbezogen. Wir selbst lieferten späterhin Weiteres zum Thema, und ein Fachmann auf dem Gebiete griechischer Mythologie, Professor Kerényi, hat eines unserer Bücher mit einer Einführung versehen. Bei dieser Gelegenheit kam meine völlige Unkenntnis der Sitten und Gebräuche wissenschaftlicher Autoren ans Licht. Ich wurde gebeten, wenigstens ein paar Anmerkungen zu bringen, worauf ich dem Schluß meines Textes einen »Anmerkungen« überschriebenen Exkurs beifügte. Ich war ahnungslos, was wissenschaftliche Anmerkungen sind! Das hat sich im Lauf der Zeiten geändert, aber noch immer fällt es mir schwer, den »Apparat« wissenschaftlich akkurat zu bringen, und viele Jahre lang fügte ich Anmerkungen erst hinterher ein, weil sie den Lauf meiner Gedanken störend unterbrachen. Das kommt vom fehlenden Studium, aber mir ist dieser Defekt lieber als der gegenteilige, der in der Antwort einer Professorengattin zutage trat, die auf meine Frage, wie es ihrem Manne ginge, lakonisch sprach: »Er sitzt am Abschreibtisch, aber es fällt ihm doch nichts ein!«

Das Allerbeste unseres gemeinsamen Erstlingswerkes aber war der Kontakt mit der Familie Ernst Heimeran. Als er und seine Frau in unserer Stadt waren, besuchten sie uns und fühlten sich rasch heimisch in unserer Insel der Seligen, so daß wir sie von der ersten Begegnung an zu unseren Freunden zählen durften. Zahlreiche Heimeran-Schriften mit Widmungen sind mir auch heute noch trostreiche Gefährten im Altenwohnheim. Wir haben das Aufwachsen der Kinder miterlebt, haben mit ihnen und ihrer Mutter das viel zu frühe Hinscheiden von Ernst Heimeran tief beklagt, und ich, die Übriggebliebene, fühle mich noch immer dem Verlag und seinen Mitarbeitern, vor allem der von den frühesten Anfängen bis zum heutigen Tage als Mitarbeiterin tätigen »Solei« verbunden, deren Weihnachtsgrüße mich alljährlich mit fein ausgesuchten Überraschungen erfreuen.

Man schrieb inzwischen das Jahr 1935, und nach vielen Verzögerungen war auch der dritte und letzte Band der »Buchillustration des 18. Jahrhunderts in Deutschland, Österreich und der Schweiz« erschienen, der ein schweres Problem für den Generaldirektor unserer Bibliotheken bildete, da dieser seines Amtes wegen dem Naziregime angehören mußte und einen militärischen Vorgesetzten hatte, der ihm als Bibliotheksdirektor unterstand, den er zufriedenzustellen hatte. Daß er allerdings die ominösen Worte auf seinem Schreibtisch stehen hatte: »Die Juden sind unser Unglück«, war ein etwas merkwürdiges Bekenntnis für ein Vorstandsmitglied unserer Bibliophilen-Gesellschaft, deren Gründer der bekannte Musikliteratursammler war, in dessen Hause der Generaldirektor der Bibliotheken häufig als Gast weilte. Doch lassen wir es auf sich beruhen. Die wenigsten der neuen Naziwelt Hörigen haben sich damals den ganzen Umfang der Verfolgungen klargemacht. Mir selbst wurde von einem Wohlmeinenden erklärt, es handele sich bei Ausschreitungen, wie sie oft in den Frühzeiten des Dritten Reiches vorkamen, nur um Randerscheinungen. Wie naiv der brave Bürger das Dritte Reich akzeptierte, geht beispielsweise daraus hervor, daß der Germanist unserer Universität, ein langjähriger Freund von Beda, der auch zum Kreis unserer Bibliophilen-Gesellschaft gehörte, beim Jahresfest, das sonst stets mit einem Ball verbunden war, auf den man jetzt, in Anse-

Leo Graf Lanckoroński
(Beda von Müller)

hung der Umstände, verzichtete, empört ausrief: »Ja, warum tanzen wir denn nicht!« Als ich ihn bat, doch zu schweigen, erhielt ich die Antwort: »Aber Sie betrifft das doch gar nicht, Sie gehören ja zu uns.« Ich murmelte nur still: »Meinste«. Aber so war es zunächst, trotz der ersten Boykott-Tage, die Deutschland so viel wirtschaftlichen Schaden eintrugen, daß sie schleunigst abgeblasen wurden, um die Verfolgungen dann bei Nacht und Nebel fortzusetzen.

Die Auswanderung der Jugendfreunde

Unter dem Schutz seiner bedeutenden Musikbibliothek und seines weitverbreiteten Ansehens hatte sich unser Freund lange Zeit der Illusion hingegeben, weiterhin unangefochten in Deutschland bleiben zu können. Trotz warnender Ratschläge führte er sein gewohntes Leben weiter. Erst als die politischen Umstände unweigerlich einem Krieg entgegentrieben, entschloß er sich schweren Herzens doch zur Auswanderung.

Als neue Heimat wählte er England und zwar die Universitätsstadt Cambridge, weil dort ein hervorragender Musikwissenschaftler lehrte, mit dem er seit Jahren befreundet war. Klug und besonnen wurde das wichtige Kulturgut so behutsam wie möglich umgesiedelt. Glücklicherweise hatte ein Schweizer Sammler kurz zuvor für eine Ausstellung einige Cimelien erbeten, die mit Genehmigung der Behörden bereits versandt waren. Da der Jüngste der Familie seiner Bildung in einem Schweizer Internat oblag, hatten seine Geschwister ihn dort häufig besucht, damit er sich nicht so vereinsamt fühlte. Natürlich hatten sie dem von den Nazis ausgebooteten Jungen, der hochmusikalisch wie die ganze Familie war, häufig etwas fürs Musikstudium mitgebracht.

Ein geeignetes Haus in Cambridge war gefunden, und unser Freund hielt sich bereits in England auf, nachdem die offizielle Auswanderung beantragt und genehmigt worden war. Seine Gattin, eine überaus tüchtige Hausfrau, die ihrerseits Vorsatzpapiere sammelte und darüber auch publiziert hat, sollte den umfangreichen Transport von Hab und Gut in zwei Abteilungen vornehmen lassen: zunächst die gesamte Bibliothek, sowohl die musikwissenschaftlichen Werke wie die bedeutende Sammlung von Erstausgaben der deutschen Literatur und weiterer bibliophiler Cimelien, dazu die sehr komplette Abteilung wissenschaftlicher Nachschlagewerke.

Erst wenn dieser Gesamttransport die Grenze passiert hatte, sollte der zweite Transport mit dem Hausrat folgen. So war es ausgemacht! Aber die tüchtige Hausfrau gedachte des Umstandes, daß die im Cambridger Haus in den Badezimmern noch fehlenden hygienischen Einrichtungen zuallererst anmontiert werden müßten, und so ließ sie den Handapparat der Wissenschaft nebst ihren eigenen in Jahren zusammengetragenen Vorsatzpapieren zurück, um Raum für anderes Papier, Waschtische und dergleichen zu haben!

Mit liebevollster Sorgfalt wurden die Bücher der deutschen Literatur verpackt, ich durfte mithelfen. Während zwei Importen qualmende uniformierte Beamte achtgaben, daß kein Geldschein heimlich in ein Buch eingelegt wurde, verpackten der Igel und ich die herrlichsten Bände unter ständigem Gemurmel wie etwa: »Warum soll denn bloß all das unnütze Zeug mitgeschleppt werden?« und: »Ach Igel, laß ihm doch seinen Spaß«. Dabei wickelten wir einen herrlichen roten Maroquinband dreifach in Seidenpapier, enthielt er doch Goethens »Römischen Carneval« mit handschriftlicher Widmung an die Herzogin Anna Amalia. Drei Tage lang packten wir Bücherkisten, dann ging alles auf Transport.

Der in Arbeit befindliche Katalog der Musikbibliothek hielt am dritten Band. Die beiden ersten Bände in Händen, erschienen etwa vier oder fünf Tage später zwei Bibliothekare, um die Musikbibliothek als nicht ausführbares Kulturgut zu beschlagnahmen. Es war alles schon über der Grenze, und die Herren konnten nur noch die Handbibliothek und die Vorsatzpapiersammlung in Beschlag nehmen, was sie denn auch taten. Diese wurden also ein Opfer der Hygiene!

Verhandlungen über die Rückgabe der Musikbibliothek mußten mit der Universität Cambridge geführt werden, da diese den Gesamtbestand auf drei Jahre als Leihgabe verwaltete. Lange Zeit gingen Verhandlungen, über die Deutsche Botschaft in England geführt, hin und her, und gegen einige Geschenkbände erreichte Cambridge, daß die beschlagnahmten Teile, Handbibliothek und Vorsatzpapiersammlung, freigegeben wurden.

Wir freuten uns, daß die Freunde mit ihrem kostbaren Kulturgut gerade noch durchgekommen waren. Später haben wir sie in Cambridge besucht und die Bände, die der Igel und ich verpackt hatten, liebevoll gestreichelt.

Umzug wider Willen

Weniger weise als diese Freunde, hatte mein Vater zwar auf Anraten Weitschauender und Nahestehender einen Anlauf zur Auswanderung genommen und in der Schweiz dies und jenes Haus, bald am Vierwaldstätter See, bald an anderen Orten besichtigt, aber er konnte sich nicht entschließen, sein Bankgeschäft aufzugeben, bis es eines traurigen Tages ihn aufgab. Schon lange kriselte es, und ein Vetter von Beda hatte den getarnten Rat gegeben, daß mein Vater seine Besitzung auf Beda überschreiben lassen solle. Auch weitere Weitsichtige rieten zu einer Verkleinerung, so daß mein Vater schließlich seinem Prokuristen das Bankhaus überschrieb und nach mehrfachen Verhandlungen seinen großen Besitz weit unter Wert an die Stadt verkaufte. Er bezog ein kleineres Haus in der Nähe, das einem befreundeten Arztehepaar gehörte und in dem er mit meiner Mutter eine Etage bewohnte.

Die Bank war und blieb sein ein und alles, und der unglückliche Prokurist saß zwar im Chefkabinett, aber alle Abschlüsse wurden weiterhin von meinem Vater getätigt, was einer regelrechten Tarnung gleichkam und dem Prokuristen die Haut kosten konnte. Dieser bat mich, meinem Vater zuzureden, daß er auch die Bank aufgeben müsse. Schließlich kehrte er eines Morgens bleich und verstört heim. Am Bankgebäude hatte er die Inschrift lesen müssen: »Juden sind hier unerwünscht«. Er war zwar Christ, doch als getaufter Jude nach Nazimoral Jude.

Für uns hatten diese Vorgänge insofern Bedeutung, als wir dadurch in den Besitz gewisser Gelder kamen, die zuvor in der Bank fest angelegt waren. Wir kauften zunächst meine Schwiegermutter und deren getreues Faktotum, das Ninzerle, in Lebensrenten ein, um beide unabhängig von uns versorgt zu wissen. Den Restbetrag legten wir in einem solid gebauten Haus in unserer Vorstadt an und zogen also wieder einmal um. Nicht mit Freude, nicht aus Übermut, sondern aus der verständigen und verständlichen Überlegung einer Sicherung, falls Bedas Pension gekürzt oder gar gestrichen wurde, was durchaus im Bereich der Möglichkeiten lag. Die Insel der Seligen war nur gemietet und zu luftig gebaut, um sie als Kapitalanlage zu betrachten. Schweren Herzens trennten wir uns von ihr und den so eng mit uns verbundenen dortigen Freunden.

Meinem Vater war es vergönnt, im Herbst 1940 zu Hause und im eigenen Bett das Zeitliche zu segnen. So ist ihm Schlimmeres erspart geblieben.

Der zweite Weltkrieg

Wir lebten still vor uns hin, schrieben und veröffentlichten in den folgenden Jahren unter unseren beiden Namen kleine Artikel für bibliophile Jahrbücher und Zeitschriften, publizierten in einem Amsterdamer Verlag Bücher über griechische und römische Münzen und bestrebten uns, heil durch den am 1. August 1939 ausgebrochenen Krieg zu kommen, was nicht ganz leicht war. In meiner Situation durfte ich mir keine Nachhilfen in der Lebensmittelbeschaffung leisten, Heizmaterial war knapp, und mein armer Beda hungerte und fror tapfer mit.

Lebensmittel-Rationierung und seit dem Hinscheiden meiner Schwiegermutter das Ninzerle, das getreue Faktotum aus Schlesien, bei uns im Haus, das mit fast 80 Jahren schwer erkrankt war und mittels Krankentransport und Rot-Kreuz-Schwester bei uns eintraf!

Die Schwester blieb auf meinen Wunsch noch eine Weile da, sah staunend, wie das Ninzerle unter den Augen ihres heißgeliebten Beda neu erblühte und im Haushalt zu wirken begann, und verließ uns dann mit vielen Segenswünschen. Diese Wünsche setzten sich um in Ninzerles Forderungen an mich, nicht so geizig zu sein und meinem Manne doch wenigstens ein Ei in die Suppe zu geben, und das Gemüse schmecke doch viel besser, wenn man es erst mit einem Stückchen Butter überbrühe. Sie war zu alt, um zu begreifen, daß ich es nicht möglich machen konnte, und als sie es endlich begriffen hatte, begann sie für ihren Beda zu hungern, erklärte, dies und jenes nicht zu vertragen, wusselte trotz meiner inständigen Bitten, nicht abzustauben, so lange herum bis wieder ein Malheur passiert war und ein schöner alter Fayence-Teller oder eine Glaskaraffe aus dem 18. Jahrhundert im Kehrichteimer endete und das Ninzerle bitterlich weinte. Es war eine harte Geduldsprobe, und erst als ein Schicksalsschlag das Ninzerle traf, durch einen Schenkelhalsbruch die Überführung ins Krankenhaus notwendig machte, fanden wir den Mut, sie nach ihrer Genesung in einem Altenheim unterzubringen, woselbst sie noch etliche Jahre überdauerte und ihr Beda sie oft besuchte. Ihr größter Kummer war die Trennung von Pipifax, unserem Pekinesen, der zusammen mit dem riesigen Bobtail ein prächtiges Gespann abgab: die Große legte gern ihre Tatze im Ring um ihren winzigen Gefährten.

Das Schönste war die Morgenbegrüßung, wenn wir selbdritt den Beda zum Frühstück von der Kirche abholten. Dieser Jubel des Hundevolkes, der späterhin, als der Hunger für Groß und Klein sich nicht mehr mit Nazisprüchen wegleugnen ließ, den Ärger kinderreicher Eltern hervorrief, so daß wir uns schwersten Herzens, insbesondere durch die Empörung von Tante Toni geschürt, entschließen mußten, die rassereine, vollkommen gesunde Bobtail-Hündin vom Tierarzt einschläfern zu lassen, Tage, die ich nie in meinem Leben vergessen habe. Der Tierarzt, der zugleich beim Generalkommando Einsatzdienst versah, sobald Fliegeralarm ertönte, hatte bereits die vorbereitende Betäubungsspritze gegeben, da kam der Alarm! Der Arzt mußte die Tötung auf den nächsten Tag verschieben, und unsere Große torkelte wenig später im Zimmer herum. Es war so entsetzlich und mußte doch sein! Das schöne, edle Zuchttier auf einen Bauernhof zu geben, wo es vielleicht keine Ernährungsschwierigkeiten gab, konnten wir uns nicht entschließen. So blieb also kein anderer Weg. Nächsten Tages war die Betäubungsspritze kaum gemacht, da ertönte wieder Fliegeralarm. Ich flehte den Arzt an, die Tötung, wie es auf nazistisch hieß, durchzuführen. Er sah meinen Schmerz und beendete diesmal seine Arbeit. Ich heulte und Beda ebenfalls. Als sich am nächsten Tage ein Gast telefonisch ansagte, waren wir nicht imstande, ihn zu empfangen und entschuldigten uns mit einem Todesfall in der Familie. Seitdem war ich Tante Toni gram!

Tante Toni

Sie war die Schwägerin meiner Schwiegermutter und infolge der nazistischen Karriere ihrer beiden Söhne eine blühende »Adolfine«, dabei fromm katholisch, welche Verbindung sich so ausdrückte, daß sie auf dem Nachttisch ein gerahmtes Hitlerbildnis stehen hatte, das ein Rosenkranz umschlang. Sie lebte in Schlesien, war infolge der führernahen Stellung ihrer Söhne eine angesehene Persönlichkeit und hatte, ehe sie ihre Heimat und Wohnung verließ, am Radio einen Aufruf zum Durchhalten an die Bevölkerung der Stadt erlassen. Dann nahm sie ihre Siebensachen und treckte als fast achtzigjährige Frau vom Osten in den Westen. Ihr Ziel war ein in unserer Nähe gelegenes Kurbad, in welchem eine ihrer Schwiegertöchter lebte. Gegen Ende des Krieges war jedoch »der Feind« auf den klugen Gedanken gekommen, die Bahngleise durch Bombenabwurf zu zertrümmern. So kam Tante Toni nicht an ihr Ziel, sondern landete bei uns: Eines Abends gegen zehn Uhr – draußen goß es in Strömen – schellte ein Nachbar bei uns und sagte, draußen stünde eine alte Frau, die zu uns wolle. Da vor wenigen Tagen eine Zwangsmieterin ausgezogen war, dachten wir, das Wohnungsamt würde uns zu dieser nächtlichen Stunde eine neue Mieterin zuschicken. Da stand, völlig durchnäßt, Tante Toni und fragte, ob sie bei uns übernachten könne. Wir baten sie herein, und da war und blieb sie.

Sie kam als Segensschutz zu uns, denn mit ihr im Haus gehörten wir zur Nazi-Prominenz, wie sich bald zeigen sollte. Man hatte versucht, unser Haus auf folgende Weise zugunsten eines Nazi-Junkers zu enteignen: eines Tages bekam ich eine Ladung vor die Gestapo. Beda rief umgehend einen Rechtsanwalt an, von dem er wußte, daß dieser Beziehungen zur Gestapo hatte, aber ein fairer Mensch war. Der Anwalt, gerade von einer Reise zurückgekehrt, versprach, die Sache sofort in die Hand zu nehmen.

Zum festgesetzten Termin ging ich, begleitet von Beda, zur Gestapo, wo mir mitgeteilt wurde, daß ich Jüdin sei und folglich nicht mit Christen unter einem Dache wohnen dürfe, was bedeute, daß wir aus dem Haus, das wir bewohnten, ausziehen müßten. Ich versuchte, den richtigen Sachverhalt zu erklären, wurde grob angefahren, und man verlangte meine Unterlagen. Dann bekam ich brüsk mitgeteilt, daß seien gefälschte Papiere, ich wäre Jüdin. Ich verwies auf meine Personalakten, die bei Gericht niedergelegt seien. Darauf wurde ich mit den Worten: »Machen Sie, daß Sie rauskommen, Sie werden weiter von uns hören«, entlassen. Als ich nach geraumer Weile erneut vor die Gestapo geladen wurde, wehte der Wind aus anderer Richtung. Zunächst war nur einer im Zimmer, was ich als wohltuend empfand, denn bei Verhaftungen waren die Herren mindestens zu zweit, um etwaigen Widerstand niederzuschlagen. Dann wurde mir ein Stuhl angeboten und gefragt, ob wohl mein Großvater Presbyter der Reformierten Gemeinde gewesen sei. Als ich bejahte, sagte der Uniformierte in freundlichstem Tone, daß sein Vater ihn gekannt habe. Und damit wurde ich entlassen.

Was war geschehen? Der Beda bekannte Anwalt hatte dem Gestapo-Leiter mitgeteilt, daß, solange keine gesetzliche Vorschrift die Verhaftung von Mischlingen zuließe, nur ein nachweisbares Verschulden dazu berechtige, und in diesem besonderen Fall wäre zudem Vorsicht am Platze, da zwei Vettern des Gatten in prominenten Stellungen tätig seien, der eine als Gauleiter in Paris, der andere als der heldenmütige Verteidiger von Saint-Malo, und daß mit einer Einmischung dieser Vettern gerechnet werden müsse.

Diese beiden Vettern waren die Söhne von Tante Toni! Als nun auch noch deren Mutter bei uns zu Gast war, durfte meine Person als gesichert erachtet werden.

An einem der folgenden Tage erschien unser Ortsgruppenleiter persönlich, um sich nach etwaigen Wünschen von Tante Toni zu erkundigen. Sie bat um Benachrichtigung ihrer Schwiegertochter und Mitteilung, ob bei ihr alles in Ordnung sei. Nach beruhigendem Bescheid ließ sich also Tante Toni häuslich bei uns nieder. Sie war äußerst zuversichtlich über den Ausgang des Krieges, erklärte geheimnisvoll, sie wisse schon, was jetzt komme, und dann würde der Führer für Ordnung sorgen und sie könne in ihre Heimat zurückkehren.

Wir ließen ihr diesen Glauben, hörten aber, auf leise gestellt, weiterhin den »Soldatensender West«. Tante Toni war zum Glück schwerhörig, doch sehr unzufrieden mit unserem schlechten Radio. Langsam und allmählich dämmerte es ihr, was hier gespielt wurde, und eines Tages erklärte sie: »Ihr freut Euch ja auf den Feind«. Leise meinte ich, es wäre doch angenehmer, sein Leben in Sicherheit zu wissen als in der Gefahr der Gestapo, worauf sie mir versetzte: »Die Juden haben es ja gesagt bekommen, Du hättest doch auswandern können«. Meine Antwort, daß ich es vorgezogen hätte, bei meinem Beda zu bleiben, ließ sie verstummen. Am nächsten Tage prophezeite sie, daß unsere Stadt zur Festung erklärt würde, und das wäre ihr zu unruhig. Sie wolle sich lieber in den Harz zu ihrer Schwester begeben. Befragt, wie sie das fertig bringen wollte, erklärte sie: »Laßt mich nur machen«.

Durch einen in kriegswichtiger Mission tätigen Nachbarn, der ein Auto hatte, ermöglichten wir ihr die Fahrt zum Bahnhof, um Erkundigungen einzuziehen. Morgens um acht Uhr verließ sie das Haus und kehrte, völlig erschöpft aber strahlend, gegen Abend wieder, versehen mit einem Fahrtausweis für die Reise. Die energische alte Frau berichtete, daß sie, ehe sie die Fahrkarte bekommen konnte, eine Genehmigung von der Gauleitung beibringen mußte. Vom Bahnhof sei sie also zur Gauleitung marschiert, dort habe sie sich allmählich bis zu einer höheren Instanz durchgeschaukelt, mittels ihres Namens und ihrer Ausweise die erbetene Ausreisegenehmigung erhalten und sei dann zurück zum Bahnhof gegangen, habe dort den Fahrtausweis bekommen und sei alsdann in mehreren Etappen langsam nach Hause gegangen – eine Strecke von mehr als acht Kilometern! Straßenbahngleise waren längst vernichtet, Taxis gab es nicht und wie hätte sie anders zurückkommen können als zu Fuß.

Nachdem sie einen Ruhetag eingelegt hatte, ging sie über

zum nächsten Schritt ihres abenteuerlichen Unternehmens. Wir hatten in der Nähe ein Dachdeckerkommando, dorthin lenkte sie ihre Schritte und bestellte sich den militärischen Anführer dieses Kommandos mit einem Gefährt auf den nächsten Morgen. Der Offizier und das Wägelchen waren pünktlich zur Stelle, Tante Toni mit ihrem Köfferchen setzte sich auf das Brett des Gefährts, Regenschirm in der Hand, und verließ uns mit vielen Segenswünschen.

Drei Tage später zogen die Amis mit ihren schweren Panzern in unsere Stadt ein! Wenn Tante Toni hätte bleiben wollen, so würden wir sie gewiß nicht weggeschickt haben, aber welch ein Glück für uns, sie nicht mehr im Haus zu haben, als die Amerikaner einmarschierten. Später erfuhren wir, daß sie tatsächlich noch in den Harz gelangt war.

Die Amis

Nach der kritischen Nacht vor dem Abzug der hohen Herren des Dritten Reiches, in der alle zehn Minuten im Radio durchgesagt wurde, daß die Stadt geräumt werden müsse und jedem, der nach zehn Uhr morgens noch angetroffen werde, standrechtliche Erschießung drohe, hatte ich das Bedürfnis, nach meiner Mutter zu sehen. Ich schlug einen Feldweg ein, um nur das kleinste Stück Asphaltstraße gehen zu müssen, wegen der verhängten Straßensperre, einen Blumenstrauß aus unserem Gärtchen in der Hand. Schon begegnete ich einem Jeep. Der Ami fragte, was ich hier auf der Straße zu tun hätte. Ich erklärte es wahrheitsgemäß. Er ließ sich das Haus meiner Mutter von der Ferne zeigen, sagte: »Laufen Sie rasch hin, halten Sie sich nicht lange auf, und dann kehren Sie umgehend nach Hause zurück«. Ich schenkte ihm aus Dankbarkeit die Hälfte meiner Blumen.

Das war mein erster Ami. Dann wurden unser Haus und seine Bewohner von mehreren Amis inspiziert, und es wurde nach Waffen gefragt. Das alte Ninzerle fürchtete sich, und wir baten, die alte Frau nicht zu erschrecken. Es ging alles sehr friedfertig ab, und als bald darauf unser Haus wegen der vielen Kunstschätze, die es enthielt, unter Denkmalschutz gestellt wurde, blieben wir von weiteren Belästigungen verschont.

Ostern, die Glocken läuteten, und wir freuten uns, voller Dankbarkeit, daß der Teufelsspuk nun vorüber war! Dann kamen die furchtbare Hungerperiode, das Non Fraternisation Law und das Verbrennen von Lebensmitteln durch die Amis vor unseren Augen, die Beschlagnahme von ganzen Wohnvierteln und die dadurch entstehende Raumnot, zumal ein Großteil der Stadt in Trümmern lag. Jeder von uns, der in der ersten Freude über das Ende des Dritten Reiches aufgejubelt hatte, wurde zunächst bitter enttäuscht. Ein Feind war gewichen, um einem weiteren Raum zu geben.

An meiner Mutter vollzog sich das Folgende: sie, die Opfer der Nazis gewesen war, wurde nunmehr Opfer der Amis. Sie hatte ihre beiden Söhne und ihre geliebten Enkelkinder ins Ausland abwandern lassen müssen, und nun mußte innerhalb weniger Tage ihr Haus samt Inventar und allem Hausrat an den Town-major abgegeben werden. Sie, nebst ihrem ausgebombten Bruder und dessen im Krieg schwachsinnig gewordener Frau, stand buchstäblich auf der Straße. Ich fand ein Unterkommen für sie, und dann tat ich etwas, das völlig gegen meine Natur ging: ich habe systematisch gestohlen. Da die Hausräumung an einem Samstag vor sich ging und die Besatzung erst Montag eintraf, lag der ganze Sonntag vor mir. Ich erbat mir den Kellerschlüssel von meiner Mutter, und dann ging es los mit einem Kärrchen, drüber eine Plane, sah aus wie eine Gemüsefuhre! So retteten wir von allem etwas, Bett- und Tischwäsche, Silber, Porzellan und dann, woran mein Herz hing, Kunstwerke, Bilder und Bücher. Alle Tage, wenn ich Meyers Konversationslexikon für meine Arbeit benutze, freut mich dies »gestohlene« Werk.

Daß es unter den Amis auch hochgradig humane gab, bekundet ein Erlebnis einer Familienangehörigen, die, jungverheiratet, eines Tages vor unserer Haustür stand und bat, ob sie bei uns übernachten könne, da ihr Mann in amerikanischer Gefangenschaft ganz in unserer Nähe läge und man ihr versprochen habe, daß sie ihn morgen zu sprechen bekäme. Am Abend des nächsten Tages kehrte sie tiefbetrübt heim, denn sie hatte ihn nicht gesehen, aber das Treffen war ihr für den nächsten Tag bestimmt zugesagt, was auch eingehalten wurde, von einem Offizier, der ihn ihr aus dem Gefangenenlager brachte. Wenige Tage vor Weihnachten telefonierte unsere Nichte, sie sei in unserer Stadt, wohne aber diesmal nicht bei uns, sondern sei über Weihnachten bei dem Offizier eingeladen, der, weiß Gott, zu den besseren Menschen gehörte, denn er hatte über Weihnachten den jungen Ehemann zu sich in sein Haus genommen. Beide wollten uns gern besuchen und fragten an, ob sie zu dritt kommen dürften. Wir freuten uns sehr, und es ergab sich, daß wir nicht nur einen warmherzigen, sondern auch unsere Interessen teilenden Menschen kennen und schätzen lernten. Die Verbindung ist nicht abgerissen und am vergangenen Weihnachtsfest wurde das dreißigjährige Jubiläum unserer Freundschaft gefeiert, im Hause des ehemaligen Kriegsgefangenen und im Kreis seiner zahlreichen Familie. Beda hat dies Jubiläum nicht mehr erlebt, aber wir haben seiner gedacht.

Doch zurück zu den ersten Zeichen neuen Lebens unter unseren neuen Herren, den Amis. Man rückte zusammen und half sich gegenseitig. Aber das Geschehen dieser Zeit ist in vielen Berichten niedergelegt, und unser Schicksal glich dem aller anderen Deutschen, nur mit dem Unterschied, daß wir uns plötzlich größter Beliebtheit erfreuten und unsere Haustür immer neue »uralte Freunde« kommen und gehen sah. Das Zauberwort, das sie zu uns trieb, hieß »Persilschein«. Alle, alle hatten so viel an uns gedacht, und jedermann war, weil er nur aus Familien- oder Berufsgründen zur Partei gehört hatte, froh, jetzt damit aufhören zu können. Es blieben schließlich wirklich nur noch eine Handvoll Leute an der Spitze, die echte Nazis waren, und von dieser Handvoll hatte sich ein ganzes Volk tyrannisieren lassen! Und jetzt sollten wir tagtäglich für diese armen, tyrannisierten Leute eintreten. Man ließ uns nicht in Frieden unsere Suppe löffeln oder den dünnen Frühstückstrank schlürfen, man überbot sich mit Schmeichelworten, ja, man brachte uns sogar Lebensmittel ins Haus. Es war erbärmlich, und ich dachte nur immer: »Nein danke, lieber nicht«. Auch dies ging vorüber, ebenso wie die rührend naive Entnazifizierung, für die man recht viele »Persilscheine« – lies: Entlastungszeugnisse – brauchte.

Und dann kam ein Tag, da trat ein alter Kollege von Beda an dessen Bett – er lag öfters aus Hunger- und Schwächegründen – und sprach: »Komm, steh auf, spuck' in die Händ'! Es gibt Arbeit!« Was war geschehen? Der Legal Officer hatte mit ihm wegen der Neueröffnung des Gerichtes gesprochen. Er, der eine nichtarische Frau hatte, leistete im Kriege lange Zeit neben seinem Justizdienst noch freiwillige Mitarbeit in einem kriegswichtigen Betrieb.

Die beiden, er und Beda, wurden gemeinsam vor den Legal Officer zitiert, der fragte: »Ist jeder von Ihnen bereit, dem anderen zu helfen, der jetzt zum Gerichtspräsidenten eingesetzt wird?« Beide bejahten, doch Beda trat für seinen Kollegen und Freund ein, der würdiger sei. Der Legal Officer hatte aber anders entschieden, und wenig später war Beda aus Nacht und Niedrigkeit zu neuem Glanz und neuer Ehre erhoben. Es war für uns nur eine halbe Freude, solange der andere zusehen mußte.

Beda eröffnete also das Amtsgericht als Präsident von Trümmern und Ruinen. Die Trümmer bezogen sich auf das Gebäude, die Ruinen auf seine Untergebenen – welcher aktive Richter hätte sich, ohne der Partei angehört zu haben, denn durchsetzen können? Ein paar Eigenbrötler, die auf stillen

Pöstchen ein stilles Dasein fristeten, etwa in der Nachlaßabteilung oder der Sparte für kleine Delikte.

Immerhin war es ein Anfang, und es kam wenige Wochen später zur Ernennung des Freundes und Kollegen als Landgerichtspräsident. Erst jetzt wurde Beda froh und glücklich über seine wiedererlangte berufliche Würde. Die beiden Präsidenten hatten ein gemeinsames Amtsauto nebst Chauffeur, und noch ein halbes Jahrzehnt blieb Beda in Amt und Würden. Dann zog er es vor, vom Amtsschimmel auf den Pegasus umzusatteln!

Homo Ludens

Über der Tür unserer Bibliothek hing schon seit vielen, vielen Jahren ein merkwürdiges Wahrzeichen: ein Pegasus, der aber nicht als beflügeltes Pferd, sondern als flügeltragender Esel mit langen Ohren gestaltet war. Wir haben dieses romantische Tier einst auf einem unserer frühen Streifzüge durch die damals noch intakte Altstadt gefunden und uns als art- und wesensverwandt zum Mahnbild angebracht. Es hat uns in den Wirrsalen des Dritten Reiches Trost zugenickt und hat uns ermuntert, mit seiner Hilfe, trotz Trauer und Tränen, trotz grauem Alltag und grausiger Gleichförmigkeit der Kriegsernährung über alle Unbillen hinwegzukommen und bald einzeln, bald gemeinsam italienische Renaissance-Lyrik zu übertragen und mit Nachworten zu versehen.

Die Sonette der Gaspara Stampa hat Beda meisterhaft nachgedichtet, auch seiner Ahnherrin Vittoria Colonna in einer Auswahl ihrer Sonette eine mustergültige Übertragung geschenkt und schließlich Petrarcas Sonette an Madonna Laura in wunderbarer Klarheit und Reimreinheit ins Deutsche umgesetzt. Mir fiel meist die Aufgabe zu, historisch-biographische Vor- und Nachworte beizusteuern.

Dann gab es eine Periode in unserem Leben, in der jeder zum Tee mit einem Sonett kam, und so entstand eine gemeinsame Arbeit »Italienische Sonette aus vier Jahrhunderten«. Es war ein edler Wettstreit, und meist gab ich mich geschlagen: Beda hatte den großen Flügelschlag der Poesie, seine Sonette waren Nachdichtungen, meine meist treu und brave Übertragungen. Es war ein so lustiger Wettbewerb, daß wir die ganze Misere der ersten Nachkriegsjahre mit Schwung überstanden!

Auch hier haben wir durch solch spielerisches Treiben uns neue Freunde erworben: Eines Tages bekamen wir – über den Rat der Bücherstube, sich an uns zu wenden – von einer uns unbekannten Dame die Anfrage, ob wir ihr die Sonette der Gaspara Stampa in Bedas Nachdichtung leihen könnten, da sie im Buchhandel und beim Verlag vergriffen waren. Dies geschah noch während der Regierung des Dritten Reiches. Zufällig hatten wir ein zweites Exemplar, das wir der Schreiberin mit ein paar freundlichen Zeilen schickten und sie baten, es zu behalten, falls sie Freude daran hätte. Als Antwort kam eine Orchidee, begleitet von wundervollen Versen. Diese veranlaßten uns, die Schreiberin zum Tee zu bitten, und so kam das Paulinchen in unser Leben. Sie war sehr literarisch, spezialisiert auf Lyrik und Briefwechsel, und es wurde für uns drei eine langanhaltende und warme Freundschaft. Nun sind wir Frauen beide alt und verwitwet, aber die Freundschaft besteht unverändert. Verse gingen hin und her, doch Paulinchen publizierte nichts, obwohl ihre Naturbilder bei Prominenten Lob und Anerkennung fanden. Romantisch und scheu blüht sie im Verborgenen!

Daneben folgte ich weiter meinen bibliophilen Neigungen, publizierte bald hier, bald da kleine Abhandlungen über Buchausstattung, Titelvignetten und Illustrationen, Andachtsbilder, Taschenbücher und ähnliches. Ein im »Philobiblon« gedruckter Aufsatz über deutsche Musenalmanache des 18. Jahrhunderts brachte mich mit Dr. Arthur Rümann, dem nachmaligen Direktor des Münchener Stadtmuseums, in

Beziehung, und ich schlug ihm eine gemeinsame und umfassende Arbeit vor, die Geschichte der deutschen Almanache und Taschenbücher, zunächst als fortlaufende Artikelserie im »Philobiblon«, dann zusammengefaßt in Buchform. Das Projekt war schön, Material leicht zu beschaffen, da mehrere Privatsammlungen und der Bestand des Freien Deutschen Hochstifts zur Verfügung standen. Aber damals war noch Krieg, und als die Braunen auch in Österreich einmarschierten, mußte der Herausgeber des »Philobiblon« abdanken, und die Zeitschrift ging in andere Hände über. So zerschlug sich der 1939 gefaßte Plan. Als fleißige und vom entzückenden Material begeisterte Autorin hatte ich meinen Anteil bereits fertiggestellt, Beda, mein unermüdlicher Photograph, hatte alle zugehörigen Bilder gefertigt, und so suchte ich wenigstens die Rückgabe meines Manuskriptes zu erreichen, um dieses meinem Freunde Heimeran, der an solchen zierlichen Bändchen von eh und je viel Freude hatte, anzubieten. Er versprach, sich der Sache annehmen zu wollen, aber zunächst war an so etwas nicht zu denken, da nur Kriegswichtiges gedruckt werden durfte, und als der ganze Spuk vorüber war, konnte man erst recht nicht an solche verspielten Dinge herangehen. Zwar hatte der Verlag bereits die Klischees für die Abbildungen herstellen lassen, aber an Kunstdruckpapier war noch lange nicht zu denken. Als es dann so weit war, schlug mir Ernst Heimeran vor, eine Subskription aufzulegen, die vom 1. Januar bis 1. April lief und für 800 Exemplare gedacht war. Falls sich die Hälfte dieser Zahl als Subskribenten meldete, würde er das Werk herausbringen. Am 3. April kam ein Heimeran-Schreiben. Ich zögerte lange, es aufzumachen, aber schließlich mußte ich ja Bescheid wissen! 398 Subskribenten, und somit konnte der 1939 gefaßte Plan nunmehr 1954 verwirklicht werden. Ich freute mich über diesen Sieg, und bald nach Erscheinen des vom Verlag reizend ausgestatteten querformatigen Bandes war die Auflage abgesetzt. Heute wird im Antiquariatsbuchhandel das Drei- bis

Die Bobtail-Hündin Axi

Vierfache des damaligen Subskriptionspreises dafür gezahlt.

Ich hatte noch ein halbgeborenes Buchkind auf Lager, geschrieben in den späten dreißiger Jahren: »Die Venezianische Buchgraphik des 18. Jahrhunderts«. Auch das wurde als Spätlese 1950 von der Maximilian-Gesellschaft herausgebracht. Im Jahre 1949 kam eines der Vorstandsmitglieder dieser Gesellschaft zu mir mit der Anfrage, ob ich noch eine fertige, für sie geeignete Arbeit vorliegen hätte. Ich zeigte mein Manuskript nebst dem zugehörigen reizenden Bildmaterial, das ich in mühevoller Arbeit zusammengetragen hatte, da es damals keine Literatur zu meinem Thema gab und man aus allgemeinen Verzeichnissen die illustrierten Werke erst ermitteln und dann einzusehen trachten mußte. Beides war schwierig, und es schien mir damals der beste Weg, an Ort und Stelle selbst, also in Venedig, die eruierten Werke einzusehen, zumal es dort in der Bibliotheca Querini-Stampaglia einen deliziösen Ort für solche Nachforschungen gab, der sehr zum Leidwesen von Beda bis um zehn Uhr abends zugänglich war. Wieviel lieber hätte Beda an der Piazza Venetia gesessen, aber ich war unerbittlich, und da er mein Photograph war, mußte ich es sein. Das begab sich noch vor Kriegsausbruch, in der Frühzeit des Dritten Reiches. Ich konnte nach dem Aufenthalt in Venedig die Arbeit zu Hause fertigmachen, doch nicht in Deutschland publizieren, und so offerierte ich mein Manuskript Ulrico Hoepli in Mailand. Er behielt es lange Zeit, doch nachdem Mussolini mit Hitler paktiert hatte, bekam ich Manuskript und Bilder zurück und legte die Arbeit ad acta.

Nunmehr übernahm der Vorstand der Maximilian-Gesellschaft das Manuskript und gab es in Druck. Wenige Wochen später schickte mir mein Freund und ehemaliger Chef der Bücherstube, der meine Arbeit kannte, die amerikanische Besprechung eines umfangreichen, bei Hoepli in Mailand 1943 erschienenen Werkes über das gleiche Thema. Ich benachrichtigte umgehend die Maximilian-Gesellschaft und stellte anheim, mir mein Manuskript zurückzugeben. Da jedoch noch auf längere Sicht solche Publikationen aus Devisengründen für Deutschland unerreichbar blieben und vielleicht auch aus liebenswürdiger Rücksicht auf mich und meine durch das Dritte Reich beschnittenen Publikationsmöglichkeiten wurde beschlossen, mein Buch doch herauszubringen, was mich aufrichtig freute. Es erschien als Jahresgabe der Maximilian-Gesellschaft.

In diesem selben Jahr 1950 erschien erstmals ein Beitrag von mir im »Gutenberg-Jahrbuch«, dem dort viele weitere folgten, so daß ich seither etwa zwanzig Abhandlungen beitrug, das meiste über Buchillustration und Buchschmuck, aber auch über Bucheinbände und in den letzten Jahren über die zeitgeschichtliche Komponente in einer Reihe von Dürer-Stichen. Für ein Großteil der Photos bin ich Beda zu Dank verpflichtet.

So vertrieben wir uns die Zeit mit lustigen, duftigen und anmutigen Spielereien. Mein Vater, der eigentlich plante, Beda in seiner Bank als Teilhaber aufzunehmen, hatte einstmals mit Kummer geäußert, daß die Kinder »nicht seriös« seien. Er hatte von seinem Standpunkt aus vollkommen recht. Aber dies lustige, luftige Ballspielen mit dem Leben war auch eine Form des Umganges mit der Materie, ein wenig verspielt, ein wenig spöttisch und im Grunde auch abgeklärt: nichts zu wichtig nehmen!

Die Kinderzeitschrift

Der zweite Weltkrieg war vorüber, das Dritte Reich zu Ende, Deutschland lag in Trümmern, und die Menschen hungerten. Überall war Elend und Not. Die Kinder hatten nichts, womit sie sich beschäftigen konnten, kein Spielzeug, keine Kinderbücher. Da kam eines Tages der Vetter eines der Bibliophilie nahestehenden Freundes zu uns mit dem Ansinnen an mich, die Redaktion einer Kinderzeitschrift zu übernehmen. So etwas hatte ich noch nie gemacht. Ich schlug eine vierteljährliche Probezeit ohne Honorierung vor und, falls es sich gut anließ, dann feste Anstellung. Verlag und alles, was mit der nichtliterarisch-künstlerischen Betreuung zusammenhängt, wollte der ellenlange Sohn einer Buchdruckerei selbst besorgen. Papier hatte er durch eine Lizenzierung der Amerikaner zur Verfügung. Ich sollte zunächst drei Monatshefte zusammenstellen, bogenstark mit acht farbigen Bildseiten und acht Seiten Text. Unsere Zeitschrift war für Buben und Mädchen im Alter von sechs bis zwölf Jahren gedacht, weil sie einem möglichst großen Kreis von Kindern Beschäftigung bieten sollte. Da ja alle nichts hatten, schien uns das besser als die Einhaltung der pädagogischen Altersstufung von Kleinkind, Märchenalter, Robinsonalter etc., eine pädagogische Stufenfolge, die heute überholt ist, damals gültig war. Zunächst mußte ein geeigneter Titel gefunden werden: »Hänsel und Gretel« war von der amerikanischen Überwachungsstelle wegen der Hexenverbrennung mit Empörung abgelehnt worden. Bei »Fritz und Leni« störte der Vorname Fritz durch seinen Anklang an Friedrich den Großen, doch als ich schlicht und einfach »Brüderchen und Schwesterchen« in Vorschlag brachte, wurde diese Benennung akzeptiert. Ich sah mich nun in meiner Nachbarschaft um, was die Kinder beschäftigte, fand sie in Gruppen um die kleinen amerikanischen Jeeps versammelt und hatte damit mein erstes Thema gefunden. Sehr bald wirkten Freunde und Nachbarn mit Poesie und Prosa, mit Zeichnungen und schönen Tierphotos, Liedern und Bastelvorschlägen mit, und in kürzester Zeit konnte ich meinem Verleger die erbetenen drei ersten Nummern, redaktionell fertiggestellt, zugehen lassen.

Sehnlichst erwartete ich die Korrektur, sie kam und kam nicht. Leider hatte der Verleger nicht bedacht, daß Druckereien, Klischieranstalten und alle weiteren für die Herstellung nötigen Betriebe entweder völlig in Schutt und Asche lagen oder schwer beschädigt waren. Schließlich kaufte er eine defekte Anilinpresse, doch seine Versuche, sie reparieren zu lassen, blieben vergeblich. Da saßen wir nun fest. Ich versprach, mein Heil bei den mir als Vorstandsmitglied der Bibliophilen-Gesellschaft bekannten Firmeninhabern zu versuchen. Alle waren sie hilfsbereit, aber als ich von acht Farbseiten sprach, lehnten sie höflich, doch entschieden ab. Einer unter ihnen war bereit, für jede Nummer den farbigen Umschlag zu liefern, ein anderer sagte mir einen farbigen Mittelbogen zu, und schließlich konnte ich eine ausgezeichnete Scherenschnittkünstlerin für eine Fortsetzungsgeschichte auftreiben. Mit diesem Resultat war mein Verleger jedoch nicht zufrieden, worauf ich bereit war, auf Mitarbeit zu verzichten. Da lenkte er ein, und ich bekam meine drei Nummern zurück, um sie redaktionell entsprechend umzustellen. Auf diese Weise kam unsere erste Nummer, gedacht für den Juli, im Oktober heraus. Diese und die zweite Nummer enthielten auf Wunsch des Verlegers fortlaufend mitzugebende Beiträge über: »Was bringt Euch der jeweilige Monat?«, was bedeutete, das im Oktober erschienene Heft mit einem Aufsatz »Was bringt Euch der Juli?« zu versehen. Wir brachten es aber fertig, so lange zwei Hefte monatlich herauszubekommen, bis wir zum Jahresbeginn und zu den neuen Abonnements in Ordnung waren. Freilich machte ich zur Bedingung, daß die vom Verleger gewünschten Beiträge über die Bedeutung jeden Monats aufgegeben wurden, da die Nachkriegswirtschaft feste Termine kaum einhalten ließ. Bald mußten wir hinter einem bevorzugten Ami-Auftrag zurückstehen, bald war eine Maschine kaputt oder die Ätzsäuren waren eingefroren, ein Klischeur war erkrankt und kein Ersatz zu finden, kurzum, es war ein ständiges Hindernisrennen. Hätte ich meine Zwillinge nicht so von Herzen geliebt, ich würde sie aufgegeben haben.

Da schellte das Telephon, unser Drucker, ein Nachbar, der eine kleine Akzidenzdruckerei verhältnismäßig unbeschädigt durch den Krieg gebracht hatte, bat mich, sofort in die Stadt herunterzukommen, die Druckbogen wären zur Korrektur bereit, und wenn ich gleich käme, würden sie noch fertiggemacht. Also schleunigst in die Stadt hinunter, wo mir pitschnasse Korrektur vorgelegt wurde!

Ein andermal war der farbige Umschlag nicht rechtzeitig fertigzubringen. Ein Malerfreund der Nachbarschaft half durch einen Zwei-Farben-Druck mit Schwarzweißleisten für die erste Seite, die ich rasch mit zugehörigen Versen versah.

Inzwischen hatte ich einen reizenden Mitarbeiterstab zusammenbekommen, gute Graphiker, eine ideenreiche Basteltante, die sich schwer tat, da nur Vorschläge in Frage kamen, die bei dem begrenzten Material der ersten Nachkriegszeit auch ausführbar waren, ein Lehrerehepaar für die naturwissenschaftliche Seite. Zwei Seiten waren den Kindern selbst vorbehalten, eine Text- und eine Bildseite. Ausgeschieden wurden alle Beiträge, deren Texte »klein-« und »-chen-« süchtig waren, ebenso wie Kopien und Imitationen. Die Kinderbeiträge wurden durch Freiabonnements honoriert, für die erwachsenen Mitarbeiter gab es feste Sätze, Bildbeiträge in Ganz-, Halb- und Viertelseiten aufgeteilt.

Diese Arbeit hat anderen und mir viel Freude bereitet. An den Kiosken wurde Schwanz gestanden, wenn die neue Nummer herauskam. Alles ging gut bis zur Währungsreform. Ich hatte Erkundigungen bei meinen Freunden in der Bücherstube und bei meinen Bankkollegen eingezogen, alle rieten mir, mich pekuniär glattzustellen, denn man wisse nicht, was komme. Ich folgte ihrem Rat und schrieb Entsprechendes an meinen Verleger. Der wußte es besser: Es würde gleichmäßig 1 : 10 abgewertet. In genau sieben Briefen bat ich ihn immer wiederholt, sich glattzustellen. Er reagierte mit Kündigungen an sämtliche Mitarbeiter, mit Ausnahme von mir, worauf ich mich solidarisch mit meinen Kollegen erklärte! Die Währungsreform kam, und mein Verleger saß in der Patsche. Jetzt tobte er: »Man hat mich bestohlen«. Sein Guthaben war, wie das aller Welt, eingefroren. Die Schulden, zwar abgewertet, blieben. Damit hatte er mein Zwillingspaar gemordet. Er versuchte vergeblich, wieder flott zu werden, schickte mir seine Sekretärin, um mich zu bitten, unentgeltlich weiterzuarbeiten, wie ich dies anfänglich getan hatte, aber jetzt hatte ich genug und zog die Lehre daraus: nie mit unverständigen Kindern eine gemeinsame Arbeit unternehmen.

Unser letztes Heft war die Weihnachtsdoppelnummer 1948. Sie schloß, wie unser erstes Heft begonnen hatte, mit einem farbigen Umschlag von Hedith Wecker. Dieser Arbeit habe ich lange nachgetrauert, sie war sinnvoll, schön und beglückend. Ein ehrender Nachruf war mir die Bitte des Hessischen Kultusministeriums, die Zeitschrift weiterzuführen, aber nicht nur der Kurzschluß hinsichtlich der Währungsreform machte mir eine Weiterführung unmöglich, schwerer noch wog das Verhalten des Verlegers gegenüber den Mitarbeitern, die in den ersten Nachkriegszeiten sich oft unter persönlichen Opfern für ihn und die gute Sache eingesetzt hatten und nun, da wieder Ordnung in das Wirtschaftsleben gebracht werden sollte, einfach die Verträge aufgesagt bekamen. Daß eine Honorierungsreform eintreten mußte, war selbstverständlich, aber daß man tüchtige Leute, die unter schlechten Bedingungen in der Hoffnung auf bessere Zeiten gearbeitet hatten, nun einfach vor die Tür setzte, ging mir gegen den Strich!

Münzensammler

Seit unserem Erstling, dem »Schönen Geld der alten Welt«, sammelten wir griechische Münzen, befaßten uns also mit Geld, wie es mir, dem Abkömmling eines Bankiers, geziemte, doch wie es keineswegs dem üblichen Begriff von Geldwirtschaft und Kapitalanlage entsprach. Dennoch hätte man gut daran getan, anstelle von Banktransaktionen das Geld, das wir sammelten, zu erwerben. Man hätte sein Kapital besser investiert als der geschickteste Bankfachmann. Zwischen den Jahren des Dritten Reiches und der Sanierung der Deutschen Mark durch die Währungsreform gab es die Chance, sein Kapital zu verzehnfachen durch den systematischen Ankauf qualitativ hervorragender Exemplare griechischer Münzen.

Dergleichen Gedanken lagen uns fern. Was wir suchten, war das Zeugnis griechischer Kunst, das Dokument griechischer Religion und griechischer Kultur.

Eines unserer schönsten Stücke, eine Tetradrachme von Syrakus, geprägt um 460 v. Chr., kam auf folgende Weise zu mir: Eines Tages brachte die Post eine aus Sizilien kommende Karte mit der Photographie eines wahrhaft göttlichen Mädchenprofils. Die Karte war am 30. November 1935 geschrieben und wies folgende Zeilen auf: »Lange rühmlich bekannt, eine Zierde des fernen Pennisi, steige ich heute zu Schiff. Segel, wie nennt sich das Ziel? Ach, mich ängstet des Nordens Kälte, des düsteren. Wer bereitet mir Trost, schützt mich vor Eis und vor Nacht?« Am 5. Dezember folgte eine zweite Karte mit dem Bild der gleichen Münze in anderer Aufnahme und den Versen: »Lange rühmlich bekannt, eine Zierde des fernen Pennisi, eile ich heute zu Dir. Gönnst Du mir Heimstatt und Kuß? Ach, wo fänd' ich des Südens Wärme, des leuchtenden, fänd' ich Wärme und Licht, Dir nicht im Herzen, im Blick!« Das waren Klänge aus Bedas Leier!

Es gab in Zürich eine internationale Umschlagstätte für antike Münzen, die numismatische Abteilung der Bank Leu & Co. Dort wurden wir rasch heimisch und gehörten zu den Stammkunden bei den jährlich stattfindenden Auktionen. Die Baseler Firma der Neffen jenes heimischen Numismatikers und Münzhändlers, bei dem wir unser erstes Stück erwarben, wurde ebenfalls häufig besucht.

Einstmals hatte diese Firma ein Prachtexemplar der frühen Elektron-Hekte von Mytilene in ihrer Auktion. Wir fuhren einzig und allein wegen dieser Münze nach Basel. Lächelnd empfing uns der Chef der Züricher Firma mit den Worten: »Ich weiß, weshalb Sie hier sind, aber machen Sie sich keine Hoffnung, ich habe Bestens-Auftrag.« Na, dachten wir, warten wir's ab. Die Auktion war im Gang, und es kam »unser« Stück. Erst ließ man mal die kleinen Bieter sich totlaufen, dann trat unser Züricher Konkurrent auf. Beda bot gegen ihn, ich zitterte, denn ich wollte und wollte dieses Stück, das mich dreifach betraf und anging! Ich überbot den Züricher Konkurrenten, so meinte ich. Plötzlich erhob sich schallendes Gelächter im Saal, denn das Bieten spielte sich nunmehr zwischen Beda und mir ab! Man ging freundlicherweise auf das Gebot von Beda zurück, und wir hatten, was wir wollten, zwar zu damals hohem Preis, der sich aber im Lauf der Jahre vervielfacht hat.

Diese Münze von Mytilene auf Lesbos führte das Monatszeichen, das uns beiden gemeinsam war, einen herrlichen, vielleicht auf ein iranisches Vorbild zurückgehenden Widderkopf. Daß diese winzige Münze starker Vergrößerung standhält, beweist eine Brosche, die mir späterhin Beda beim Juwelier Koch durch einen alten Goldarbeiter fertigen ließ und die ich seitdem täglich trage.

Bald nach Kriegsende schrieb unser Freund Walter aus Amerika, daß Herr Schocken, Begründer der Schocken Library in Jerusalem, sich sehr für einige Fotos aus dem »Schönen Geld der alten Welt« interessiere und fragte, ob wir ihm diese senden könnten. Das geschah gerne, und nun wollte Herr Schocken wissen, was er uns als Dank schicken dürfe. Wir baten um ein Glas Nescafé, den es bei uns nicht gab. Längere Zeit hörten wir nichts, doch dann kam eines Tages eine ganze Kiste mit zehn Gläsern Nescafé. Wir freuten uns über diesen Segen. Geraume Zeit später meldete sich der Chauffeur von Herrn Schocken und fragte an, wann dieser uns besuchen könne. Wir erwarteten einen eleganten Wagen mit entsprechend gekleidetem großem Herrn. Statt dessen fuhr ein Volkswägelchen vor, dem ein kleiner, agiler, einfach gekleideter Herr entstieg. Herr Schocken kam zu uns, um unseren Rat über einige griechische Münzen einzuholen, die er zur Ansicht bei sich trug. Was da auf unserem Tisch lag, war allererste Qualität, bei der man nur zugreifen konnte, denn wie auch der geforderte Kaufpreis war, solche Exemplare sind Seltenheiten. Es entwickelte sich ein interessiertes und interessantes Gespräch zwischen Herrn Schocken und uns, und er versprach, uns vor seiner Abreise nochmals aufzusuchen. Wir schieden als Freunde und trafen uns von da an fast jährlich in Zürich wieder. Schocken wohnte oben im Hotel Dolder, wir einen Stock tiefer im Hotel Sonnenberg, und viele Male waren wir bei ihm zu Gast. Wir brachten unsere Neuerwerbungen mit, er zeigte die seinigen, und stets gab es angeregte Gespräche. Schocken hatte als ganz kleiner Lehrling irgendwo in der Provinz angefangen, aber er hatte Ideen, die das Geschäft, in dem er diente, förderten, so daß er rasch avancierte. Im Lauf der Jahr wurde er Inhaber mehrerer großer Warenhäuser, und da er von jeher literarische Interessen hatte, begann er Manuskripte und Erstausgaben der Literatur zu erwerben.

So hatte er auch den literarischen Nachlaß von Novalis auf einer Auktion ersteigert, nachdem weder die Berliner Staatsbibliothek noch das Freie Deutsche Hochstift diese für die deutsche Romantik so prominenten Manuskripte, die von der Familie Hardenberg veräußert wurden, damals erwarben. Inzwischen hatte das Dritte Reich Schocken samt Novalis-Nachlaß nach Jerusalem und Amerika vertrieben. Er war nunmehr bereit, die für Deutschland so wichtigen Manuskripte im Tausch gegen bestimmte Hebraica, die er für die Schocken Library gern erwerben wollte, zu überlassen.

Wir erlebten die langwierigen und von beiden Seiten äußerst verschlagen geführten Verhandlungen mit, da Beda dem Vorstand des Freien Deutschen Hochstifts angehörte, also den Handel von beiden Seiten her verfolgen konnte. Schocken arbeitete mit der Methode der sibyllinischen Bücher, d. h. von Mal zu Mal verkleinerte sich sein Angebot. Beide Parteien waren zäh. Schließlich kam eine Einigung zustande.

Auch mit uns kam es insofern zu einem Geschäft für Schocken, als wir zugunsten einer griechischen Münze, die wir in der Auktion erwerben wollten, ein Aquarell von Paul Klee bei einem Berner Händler absetzten, Schocken davon erzählten und dieser sich erkundigte, welchen Preis wir erzielt hatten. Am nächsten Tag fuhr er nach Bern, sah sich das Aquarell an und gab sein Gebot ab! Da er wußte, was der Händler uns gegeben hatte, rechnete er ihm den Bargewinn vor, der bei seinem Angebot herauskam, erwarb das Blatt und kehrte damit nach Zürich zurück. Er verstand, was er kaufte, war außerordentlich belesen und führte in zwei großen Blechkassetten eine kleine Bibliothek von in Leder gebundenen Reclam-Bändchen ständig mit sich auf Reisen!

Auch seine Kenntnisse auf dem Gebiet griechischer Münzen war er zu erweitern bestrebt. Es gab im Bestand der numismatischen Abteilung der Bank Leu & Co. ein herrliches Exemplar eines Apollon-Kopfes von Katana, ein Jünglingskopf mit großem, weit offenem Auge. Wir hatten damit geliebäugelt, aber der Preis war für uns zu hoch, Schocken hat es damals erworben. Nach etwa zwei bis drei Jahren lag das Stück wieder im Lager von Leu & Co., und Schocken erklärte, dieser Apollon sei doch ein Piefke! Uns schien er nach wie vor begehrenswert, und da wir inzwischen besser bei Kasse waren, griffen wir zu. Wir lebten etwa ein Jahr mit diesem sunny boy, dann ging auch uns ein Licht auf: das herrliche, strahlende Auge war geschönt! So kehrte das Stück nochmals ins Züricher Lager zurück und wurde dann in einer Auktion abgesetzt.

Habent sua fata monetae!

Einen Schritt sind sie dem Großen, dem Unbekannten näher als wir gemeinhin Sterblichen! Die Griechen hatten für ihre Helden den Begriff der Halbgötter, und der Mythos ließ sie Kinder eines Gottes und einer Sterblichen sein. Das Höchste, was sie erreichten, war physisches Heldentum, waren Schönheit und Vollkommenheit, Zeugnisse ihrer körperlichen Kraft, allenfalls noch ihrer List und Verschlagenheit. Im Lauf der Zeiten hat sich das Heldische nach der Seite des Geistigen verschoben, und aus einer Mischung von Heroentum und Wahnsinn, der den Griechen als verehrungswürdig galt, entstanden die Künstler.

Als deren Handlanger fühlten wir uns, und in ihrer Umgebung war uns wohl. Ein Quentchen des göttlichen Wahnsinns steckte wohl auch in unserem Tun und Treiben, doch blieben wir zu sehr erdverhaftet, um uns emporzuschwingen zu den Höhen des Parnaß. Der Esel-Pegasus war schon das richtige Sinnbild für Beda und mich!

Theater und Konzerte gaben uns mehr als nur Abendvergnügungen. Bach war für Beda anfangs infolge unzureichender Interpretationen ein Greuel, er empfand ihn als »aufgezogene Maus«. Erst als er in Ansbach die gepflegten Wiedergaben hörte, ging ihm eine neue Welt auf. Wie wunderbar war es, nach den Konzerten der Ansbacher Bach-Wochen, die wir viele Jahre hindurch besuchten, mit diesem oder jenem der Künstler noch zusammen zu sein oder auch wie eindrucksvoll, ihnen heimlich, auf Treppenstufen sitzend, beim Üben zuzuhören!

Fanden wir die Leistung eines Künstlers so bedeutsam, so reich an geistiger Durchdringung, so beglückend an ästhetischer Darbietung, daß wir wünschten, den Menschen unter der Maske kennenzulernen, dann baten wir ihn, einfältig wie wir waren, uns zu besuchen. So lernten wir Colette Lorand kennen und schätzen, die lange Jahre unserer städtischen

Bühne angehörte. Sie kam, brachte gelegentlich auch einen Ehemann mit, immer aber war sie selbst es, die uns bezauberte. Jede Bewegung, jedes Wort aus ihrem Munde war Liebreiz, war Anmut und Wohlgefallen. Ihre anfänglich kleine »mozärtliche« Stimme entwickelte sich im Lauf der Zeit mehr und mehr, so daß sie eines Tages zu einer bedeutenderen Bühne überwechselte, ja die Salome mit ihrer stimmlichen Riesenanforderung bewältigte. Vor allem besaß sie das absolute Gehör und zeigte sich den schwierigsten Aufgaben moderner Opern gewachsen. Uns blieb sie freundschaftlich verbunden, und selbst im Altenwohnheim hat sie mich in meiner verlassenen Spätzeit noch besucht. Wir hatten richtig gesehen, hinter der Maske ihrer Mozartinterpretationen steckte ein warmer und liebenswerter Mensch!

Bald nach dem Ende des Dritten Reiches kam ein neuer Opernchef aus München an unsere Bühne, von dem wir bereits aus der Schweiz Rühmliches gehört hatten. Zeitlebens war er besessen vom Dämon der Musik, und wir hatten das Glück, ihn neun Jahre als Leiter unserer Oper zu genießen, der uns Zeiten des Glanzes einbescherte, die unvergeßlich bleiben. Georg Solti, jetzt Sir George, stand in enger Verbindung mit einer uns befreundeten Familie, deren Mitglieder zum Teil selbst als Künstler tätig waren. Der Maler Klaus Meyer-Gasters hat das Portrait von Beda geschaffen, das heute noch mein Zimmer ziert und das in Bedas kulinarischen Lehr- und Wanderjahren reproduziert ist. Dort im Hause lernten wir Solti kennen, nachdem wir uns angewöhnt hatten, seit er bei uns wirkte, möglichst alle drei Vorstellungen zu besuchen, die er selbst dirigierte, ehe er den Taktstock dem »Zweiten« übergab. Seine Abende waren atemberaubend feurig und so unglaublich erfüllt, daß nur einer, der sich ganz ausgab, das zuwege bringen konnte. Als wir ihn eines Abends kurz nach der Vorstellung sahen, fanden wir die Bestätigung: Leichenblaß, völlig erschöpft, ruhte er in einem Sessel und fand erst nach längerer Zeit wieder ins Leben zurück. Wir hatten die Freude, ihm unsere Sammlung griechischer Münzen zeigen zu dürfen. Als er meine Heimatstadt verließ, überreichten wir ihm Bedas Buch. Als Buchzeichen lag darin, am Bande befestigt, eine griechische Münze mit dem Kopf des Apollon Musagetes! Der Gott hat ihn offenbar in seinen Schutz genommen, denn Solti eilt von Triumph zu Triumph!

Das Beda-Buch trug uns eine weitere Verbindung mit einer Künstlerin ein, die sogar mit uns verwandt war, die wir aber zuvor nicht gekannt hatten: Es war Bedas Nichte Gisela, eine Schauspielerin großen Formates, an der Reinhardt-Bühne ausgebildet und dann bis zu ihrem jähen, frühzeitigen Ende an zahlreichen großen Bühnen tätig. Sie war die Tochter eines im Dritten Reich als »entartet« bezeichneten Malers und einer dem Bühnenmilieu nahestehenden Mutter. Die Eltern hatten ihre Begabung frühzeitig erkannt und ihr die bestmögliche Ausbildung zuteil werden lassen. Wir kamen mit ihr in Kontakt, als ein Riesenpaket bei uns eintraf, das einen echten schlesischen Mohnstriezel enthielt, begleitet von einem reizenden Dankesbrief für die Freude des Beda-Buches, das in ihre Hände gekommen war. Zugleich fragte sie an, ob sie uns besuchen dürfe, wenn sie in unsere Gegend käme. Bald darauf erfolgte ihr Besuch. In wenigen Minuten waren wir gegenseitig entzückt voneinander. Kunst und künstlerische Interessen auf beiden Seiten, dazu Temperament, Geist und Witz.

Gisela ging zu unserem Theaterintendanten und schloß ein Engagement mit ihm ab. Zu Beginn der nächsten Spielzeit fand sie sich in unserer Stadt ein, und es gab ein großes Wiedersehen. Sie spielte zunächst die Alkestis von Thornton Wilder, ein voller Erfolg. Wunderschön sah sie aus, als sie die Arme zum Himmel hob und zu Apollon flehte: »Ein Zeichen, gib mir ein Zeichen«. Alle Blumen, die sie bekam, brachte sie zu uns, und dann wurde es schlesisch, und sie kochte die herrlichsten und leckersten Speisen. Beda und sie kochten um die Wette. Als sie eines Tages ihm, während er kochte, um den Hals fallen wollte, rief er empört: »Don't kiss me, I'm busy«. Wenig später überraschte sie ihn mit einer bestickten Kochschürze, die diese Worte aufwies. Ich besitze diese Schürze noch, und ihr Anblick entlockt mir stets Tränen der Trauer. Als zweites Stück hatte sich Gisela die »Ratten« von Gerhart Hauptmann erbeten, die Mutter John war eine ihrer Glanzrollen! Es war wunderbar, wie sie die Not der versagten Mutterschaft zu verkörpern wußte. In der Alkestis die große Gestik griechischer Tragödie und nun hier die Tragik einer Kleinbürgersfrau. Sie kannte, was sie konnte, und sie konnte, was sie kannte, was das Leben sie gelehrt hatte. Viel herumgekommen, viel unternommen, selbst Mutter von mehreren Kindern, die sie zärtlich liebte, war sie in der Reinheit ihres Spieles und der Intensität ihrer Wiedergabe eine Flamme. Ihr gemeinsames Gastspiel mit Frau Flickenschildt in Paris als Maria Stuart wurde ein Riesenerfolg. Bei uns spielte sie nicht mehr die Maria Stuart, sondern die Königin Elisabeth. Während ich dies niederschreibe, kommt mir unser damaliger Streit ins Gedächtnis: Sie spielte den Menschen Elisabeth, der, enttäuscht in der Liebe, auf dem Thron zusammenbricht, ich forderte, daß sie auch in dieser Situation in erster Linie Königin zu sein habe. Das ist eine Auffassungsfrage: Zu Zeiten der Königin Elisabeth und noch zu Zeiten Schillers mußte sie die Königin sein, heutzutage kann und darf es der Mensch sein, aber warum dann die historische Verkleidung?

Es war eine ständige Freude für uns, mit Gisela zu diskutieren. Nachdem das Halbjahr zu Ende gegangen war, trafen wir uns später in München wieder, wo sie dabei war, einen neuen Vertrag abzuschließen. Inzwischen hatte sie, noch in unserer Stadt, ihren Führerschein gemacht und einen Wagen gekauft, entgegen der Bitte ihres Mannes, der, als er diesen Wagen sah, mit Entsetzen ausrief: »Das ist ein Sarg!« Wie sehr sollte er recht behalten.

In München war Oktoberfest, als wir eintrafen. Gisela meinte, wir sollten irgendwo ins Grüne fahren. Ich liebte aus meinen Jugendjahren Schloß und Park von Nymphenburg, und dorthin fuhren wir. Auf dem Heimweg waren die Straßen wegen des Festes verstopft. Unsere Gisela mußte sich durchaus in jede Lücke zwängen, warten gab es bei ihr nicht. Das Hupkonzert um uns war beträchtlich, dabei fuhren wir zum gemeinsamen Abendessen in unser Hotel, hatten also gar keine Eile!

Wenige Wochen später, an einem naßkalten Novembertag – wir waren im Umzug und wohnten deswegen vorübergehend im Hotel – empfing uns der Portier mit den Worten, er habe eine dringende Nachricht für uns! Sie lautete: Die bekannte Schauspielerin Gisela von Collande ist mit dem Auto tödlich verunglückt. Sie fuhr einen Volkswagen, auf regennasser Straße hatte sie in einer Kurve versucht, einen schweren Daimler-Benz zu überholen. Auf die Gegenfahrbahn geschleudert, kam ihr ein mächtiger Wagen entgegen. Er stoppte. Es wār ein Sargtransport, unterwegs zu einem Sterbenden mit Arzt und Geistlichem! Der Arzt sah, daß hier seine Kunst nichts mehr ausrichten konnte, und der Geistliche sprach mit ihr die Sterbegebete, während sie verschied. Das war Gisela, eine Flamme! Ich werde sie nie vergessen.

An vielen Orten hatten wir Künstler zu Freunden, und stets war es diese warme, selbstverständliche Freude des Wiedersehens: Man traf zusammen, diskutierte, schmiedete Zukunftspläne und fühlte sich verstanden wie nie in der Welt der haute snoberie.

Die Sprache der Symbolik

Mit Ausnahme der griechischen Münzen, die beides waren, Sinn und Form, hatten unsere liebreizenden, im wesentlichen die Form betreffenden Spielereien, artistischer Kleinkram, insgeheim etwas in mir vorbereitet, das über die Form hinausreichte und dem Geistigen zugehörte, nämlich den Sinn für

Symbol und Symbolik. Erstmals erkannte ich in den Werken spätmittelalterlicher Kunst einen verborgenen Doppelsinn, einen hinter der Erscheinung im Symbol ausgesagten Ideengehalt. Halb kunstgeschichtlich, halb zeitgeschichtlich erfaßte ich Darstellungen als doppel- oder mehrfachsinnig durch die Möglichkeit der Symbolisierung. Ich sah und schaute! Plötzlich hatte das Bild doppelten Aspekt: die äußere alltägliche Form und einen dahinter verborgenen Sinn!

Ich begann mit der Interpretation zwiespältiger Werke des ausgehenden Mittelalters und fand zunächst innerhalb der Randzeichnungen des Maximiliangebetbuches eine Fülle durch Symbole ausgedrückter Inhalte, die bis dahin nicht erfaßt waren, so daß selbst Fachwissenschaftler von Rang, wie etwa Erwin Panofsky, am Interpretationsversuch dieser Randzeichnungen scheiterten. Es gelang mir, mit Hilfe der christlichen Symbolsprache und der Verbindung der Gebetstexte mit den Zeichnungen sämtliche Darstellungen sinngemäß zu lesen. Mit dieser Arbeit über die Randzeichnungen des Maximiliangebetbuches ging für mich eine neue Welt auf, und seitdem, seit dem Jahre 1958, widmete ich mich fortgesetzt der Interpretation von Kunstwerken, deren Sinn nur unter Berücksichtigung der christlich-humanistischen Symbolsprache faßbar wurde. Mit dieser Arbeit hatte ich den Schritt vom Lernen zum Lehren getan.

Mein Unglück war, daß ich nicht zum Bau gehörte, kein Studium hatte und daher von der Fachwelt nicht ernst genommen wurde. Langsam dämmerte mir, daß ich nur Handlangerdienste für die Gelehrten vom Bau verrichten konnte. Ich gab dennoch nicht auf, und es gelang mir, ständig weitere Interpretationen, namentlich für die Druckgraphik von Dürer, vornehmen zu können, wobei das jeweilige Zeitgeschehen eine Hauptrolle spielte. Durchschaut man die Verquickung von Symbolsprache und Zeitgeschehen, dann wird plötzlich ihr Sinn ablesbar. Ein Späterer wird hoffentlich die zusammenfassende Darstellung zum Thema »Dürer und das

Zeitgeschehen« liefern und dieses noch fehlende Kapitel der Dürerforschung zufügen.

Waren Beda von Müllers »Kulinarische Lehr- und Wanderjahre« der Schattenriß eines Entwicklungsromanes, so standen meine Arbeiten fortab ebenfalls im Zeichen einer Entwicklung, die sie mit der Enträtselung der Symbolsprache aus der Sphäre der nackten Wirklichkeit in das Reich höherer Mächte erhob. Ein Sinngehalt konnte abgelesen werden, den nur Symbole auszudrücken vermochten. Hier ergaben sich die Früchte meiner frühen Studien von Mythen und Mystik.

Dürer war ein Spätling des Mittelalters. Es hieß also, weiter zurückgehen in der Suche nach dem primär nicht faßbaren Sinn von Werken der bildenden Kunst. So ergab sich für mich die Nötigung, den rätselvollsten, zugleich bedeutendsten Meister vordürerscher Zeit, jenen Meister Matthes zu erforschen, der bis zum heutigen Tag ein »heißes Eisen« der Kunstwissenschaft geblieben ist. Das absolute Stehen in der Wahrheit, aber zugleich deren Verdichtung durch die Sprache der Symbolik bestimmt seine Größe. Er malt eine Rose, eines der bekanntesten Sinnbilder der Mutter Gottes, die ihrerseits Symbol der Ecclesia ist. So steht denn diese Rose im Vordergrund vor einer Kirche, die sich hinter ihr erhebt. Es ist eine einfache Rose, aber durch ihren Sinngehalt, durch ihre Symbolik wird sie zugleich zum Wahrzeichen der Ecclesia.

Von hier aus war dieser geheimnisvollste aller Meister neu zu interpretieren. Eine Aufgabe, die mich jahrelang in ihren Bann schlug und deren Lösungsversuche erst den Anfang einer neuen Neithart-Forschung bilden. Ich bin so weit gegangen, als ich zu gehen vermochte. Nun müssen Andere, Bessere fortsetzen, was ich begonnen habe.

Die wunderbarste Hilfe für meine Neithart-Forschungen wurde mir durch Beda zuteil. Ich konnte, von der Bibliothek nach Hause zurückkehrend, alles neu Erforschte einfach vor ihm ausschütten. Er verstand, knipste wilde Ranken weg, wo sie sich der reinen Forschung zugesellt hatten, und gab seine klärende Meinung darüber ab, stützte durch Detailaufnahmen meine Forschungsergebnisse und folgte mit unermüdlicher Geduld meinen Darlegungen.

Es war eine wunderbar erfüllte Zeit gemeinsamen Arbeitens. Das einzige, was nicht passieren durfte, war unpünktlich zu Tisch heimkehren. Dann saß Beda maulend in seinem großen Sessel und erklärte, er habe den Hunger übergangen, ich könne jetzt allein essen. So war jeder Tag ein kunstvoller Kampf zwischen Materie und Geist. Vom ersten Weltkrieg her an strenge Zeiteinteilung und Ineinanderschachtelung der Tätigkeiten gewöhnt, verband ich vormittags Hundelgang, Einkauf, Frühstück mit Kurzvorlesung der Zeitung, Bibliotheksforschungen und Heimkehr zum Mittagessen. Nachmittags kamen bis zur Teestunde schöne stille Arbeitszeiten für mich, da Beda ausgiebigem, mit Bettruhe verknüpftem Mittagsschlaf oblag. Ab der Teezeit, oft durch Gäste erfreulich verschönt, war die ernste Arbeit eingestellt, und man frönte der Lust an Spielereien. Dies alles galt erst seit Bedas Pensionierung. Eine große Angelegenheit war auch das Planen der Reise, das gewöhnlich am Jahresanfang einsetzte, da die Schiffsreisen frühzeitig bei den Agenturen anzumelden waren. So verliefen unsere Tage stets sehr ausgefüllt, doch je mehr man zu tun hat, um so mehr kommt in guten Zeiten zustande. Offenbar ist Zeit ein dehnbarer Begriff, der als Zt. oder Z-e-i-t verbraucht werden kann!

Form und Sinn

Seit meiner Entdeckung der Verquickung von Symbolik und Zeitgeschehen als Schlüssel zur Sinndeutung einer großen Zahl von Kunstwerken aus der Wende von Mittelalter und Neuzeit, namentlich im Zusammenhang mit den Glaubenskämpfen, öffnete sich für mich ein weites Feld neuer Erkenntnisse, die erst im Laufe von Jahrzehnten wirksam werden können, da hierzu das Beherrschen normaler kunstwissenschaftlicher Begriffe wie Stilanalyse und vergleichende Forschung nicht ausreicht. Mehrere Wissensbereiche müssen zugezogen werden: für die Symbolik Theologie und Heraldik, für das Zeitgeschehen Geschichtswissenschaft und Geographie, letztere zur Einordnung historischer Vorgänge in ihre Umwelt. Daß mittelalterliche Kunstwerke nicht ohne Kenntnis mittelalterlicher Symbolik interpretiert werden können, ist heutzutage schon Allgemeingut, aber daß ihr voller Sinngehalt erst unter Berücksichtigung ihres historischen Hintergrundes verlebendigt wird, ist ein Novum. Damit wird Geschichte als Zweitwissenschaft zumindest für ältere Kunstforschung zur absoluten Notwendigkeit!

Die rein formale Interpretation von Kunstwerken der Wende von Mittelalter und Neuzeit hat selbst für Panofsky nicht ausgereicht, um vollgültige Sinngebungen zu finden. Daß solche Forderung nach einer erweiterten Kunstforschung zunächst Befremden und Ablehnung hervorruft, ist nicht verwunderlich, aber da ich mit dieser Entschlüsselungsmethode ständig neue, vollgültige Resultate erzielen konnte, halte ich es für ausgemacht, daß erst in der Verquickung mehrerer Disziplinen der Weg zur stichhaltigen Interpretation einer Vielzahl spätmittelalterlicher Kunstwerke zu finden ist.

Daher habe ich meine Methode fortwährend zur Interpretation von Kunstwerken aus dieser Übergangsepoche angewandt, so beispielsweise für Dürers Meisterstiche »Ritter, Tod und Teufel«, das Stichpaar »Hieronymus im Gehäus« und »Melancholia I«, publiziert im Gutenberg-Jahrbuch. Man könnte vermuten, daß nur Dürer solche Verschlüsselungen angewandt habe, aber nachdem auch italienische Graphiken aus der Zeit der Mißstände im Klerus ihre Sinngebung durch die Entschlüsselung nach der gleichen Methode gewinnen, scheint es doch Allgemeinbrauch der Zeit gewesen zu sein, einen Mehrfach- oder Doppelsinn in Kunstwerken zu verbergen, der für uns Spätere nur schwer aufzudecken ist. Für Dürer und Neithard habe ich Grundlagen aufgezeigt.

Ein anderes, bisher als rätselhaft erscheinendes großes Kunstwerk, jahrzehntelang ein Aschenbrödel der Kunst, doch im frühen 19. Jahrhundert wiederentdeckt, restauriert und seitdem eine der größten Zierden des französischen öffentlichen Kunstbesitzes, die Teppiche der Dame à la Licorne, die ich erstmals anläßlich der denkwürdigen Büchereinkaufsreise nach Paris im Musée Cluny zu Gesicht bekommen hatte, verlockte mich, ihr Geheimnis mit Hilfe meiner Lehre von der Verknüpfung von Zeitgeschehen und Symbolik zu entschlüsseln. Ich studierte zunächst die Literatur über franko-flämische Teppichkunst, um alsdann die in Rilkes »Malte Laurids Brigge« so liebevoll geschilderten Darstellungen auf ihren zeitgeschichtlichen Inhalt hin zu untersuchen. Ich erzielte neue und interessante Ergebnisse und publizierte im Jahre 1965 ein schön ausgestattetes Buch, das nach anfänglicher Ablehnung inzwischen zu Anerkennung und Ansehen gekommen ist.

Hätte einer der vielen Interpreten sich Gedanken über die Dargestellten, die auf allen Teppichen wiederkehren, gemacht, so wäre er mit zwingender Notwendigkeit auf die zu Grunde liegenden Realgestalten gekommen, denn die auf allen Teppichen angebrachte außergewöhnlich große Dame trägt einmal eine hermelingefütterte Robe, muß also eine Fürstin gewesen sein, da diese Pelzgattung im Mittelalter Vorrecht fürstlicher Personen war. In vier Teppichen wird »Madame la Grande«, wie die landläufige Bezeichnung für Margarethe von Burgund lautete, von einem reizenden jungen Mädchen flankiert, das keine andere sein kann als ihre Stieftochter Maria von Burgund. Deren Emblemblumen, weiße Veilchen, wachsen im Teppichgrund zu ihren Füßen, wie das nach ihr benannte Gebetbuch (Berlin) ausweist, das offenbar von ihrer Stiefmutter Margarethe nach dem durch einen Jagdunfall verursachten jähen Tod im Jahre 1482 als

Geschenk für ihren Gatten, den Erzherzog Maximilian, späterhin Kaiser Maximilian, hergestellt wurde. Die Teppichfolge erzählt also, wenn man bereit ist, ihren zeitgeschichtlichen Bestandteil anzuerkennen, wer die rätselhafte Dame mit dem Einhorn gewesen ist. Mir hat die Erforschung und Lösung dieses Rätsels viel Freude gemacht, erlaubte sie mir doch die Beschäftigung mit der franko-flämischen Kunst des Spätmittelalters, einem der schönsten Gebiete, das Werke von erlesenster Zartheit zeitigte.

Späte Reisen

Die Jahre kamen und gingen. Wir wurden alt, und da Beda, schon lange im Ruhestand, nicht mehr schiffsreif für die Frachtlinien war und wir keine weiten Reisen mehr machen konnten, planten wir auf Anraten von Freunden eine Schweizer Reise mit Rundreisebilletts. Das machte zunächst viel Spaß, das Planen und die wechselnden Schauplätze, die wunderbaren Landschaften, aber in den folgenden Jahren bevorzugten wir doch das feststehende Reiseziel, ja, wir hatten Stammplätze mit vorbestellten, wohlbekannten Zimmern. Mehrere Jahre war es die Wengern Alp mit ihrem großartigen Hochgebirgs-Panorama und der Möglichkeit, tagelang im Liegestuhl in der Sonne zu schmoren, abends am Kaminfeuer zu sitzen und mit einem Stamm von Ferienreisenden, die gleich uns stets wiederkehrten, gemütlich zu plaudern.

Da war ein alter englischer Geistlicher mit seiner Gattin, die Jungmädchenbücher schrieb, angeregt durch die Erlebnisse ihrer Tochter, die am Covent Garden Ballett als Tänzerin ausgebildet wurde und die der Mutter in genauen Berichten ihr Tun und Treiben schilderte. Diese Jungmädchenbücher, ein wenig rührend-sentimental, hatten in England Riesenerfolge, und von den Einkünften der Bücher konnte sich das Ehepaar im Verlauf weniger Jahre einen schönen Landsitz zulegen. Als ich die in fortlaufender Serie erscheinenden Bände bei guten deutschen Verlegern anbot, wurden sie mit dem Urteil »sentimental und leicht angekitscht« zurückgewiesen. Aber die Pfarrersfrau hat ein sehr schönes Verdienst zu ihren Gunsten: Die in Fallen unter großen Schmerzen langsam sterbenden Feldhasen bewahrte sie fortab vor dieser grausamen Vernichtungsart, indem sie allnächtlich die Fallen in den nahegelegenen Fluß warf. Die Angelegenheit kam am Ort des Pfarrerehepaars vor Gericht und urbi et orbi bekannte sich die Pfarrersfrau schuldig. So kam ihre Anklage gegen die scheußliche Art der Hasenvernichtung schließlich auch an die hohe Behörde in London, und die Pfarrersfrau setzte es durch, daß anstelle der Fallen ein schnellwirkendes Gift verwendet wurde.

Im Interesse meiner Neithard-Forschungen wollte ich eine nach Paris geplante Reise über Colmar bewerkstelligen. Um Beda die Sache schmackhaft zu machen, sprach ich von einer Übernachtung in Straßburg, wo man bekanntlich vorzüglich speist. Entsprechende Fahrkarten für den TEE waren besorgt, die Köfferchen gepackt, die letzten Briefschulden erledigt, um die Korrespondenz gleich am Bahnhof zu inpostieren. Ehe ich Haus und Hof verriegelte, bat mich Beda, doch noch einmal in meinen vielen Taschen – ich trage gewohnheitsmäßig Jackenkleider mit Taschen, die Hausschlüssel, Parker, Lupe, Brille und sonstigen Kleinkram beherbergen, vor Reisen aber zusätzlich Fahrkarten, Taschenfahrplan und »Paperassen« aller Art umfassen – also Beda meinte, ich solle, ehe wir in das bereits wartende Taxi stiegen, nochmals kontrollieren, ob alles vorhanden sei. Ich war immer noch ein braves Kind, tat also, was von mir verlangt wurde. Dann brausten wir zum Bahnhof, sehr zeitig, wie sich das für Alternde gehört. Als erstes wurde die Korrespondenz in den Postkasten befördert. Es war noch reichlich früh, aber Beda liebte bekanntlich die Bahnhofspoesie, also wanderten wir samt Gepäckträger zum Bahnsteig und dort sollten wir nun die TEE-Karten vorzeigen. Sie waren nicht zu finden, nicht in sämtlichen Jackentaschen rechts und links, nicht in der Oberklappe, sonst nur für das Taschentuch bestimmt. Es gab nur eine Möglichkeit: mit der Post in den Bahnhofsbriefkasten geworfen. Also auf zum Bahnvorstand. Der konnte da nichts tun, dies sei Sache der Post, aber der Beamte käme ja um voll zur Kastenleerung und unser Zug ginge erst um 26, also sei Zeit genug, um alles in Ordnung zu bringen. Der Postbeamte kam mit leichter Verspätung, und siehe da, die Fahrkarten waren einem Brief angehängt. Aber der gewissenhafte Beamte erklärte, er dürfe die Fahrkarten nicht aushändigen, das könne nur der Herr Bahnpostvorsteher, und wir müßten daher mit ihm zum Bahnpostamt gehen. Ich hinterließ Beda samt Gepäckträger an der Zugsperre – die gab es damals noch – und folgte den nicht gerade beflügelten Schritten meines Hermes. Der Herr Bahnpostvorsteher ließ sich erst genau erklären, was geschehen war, fand die von mir adressierte Post genau, wie ich angab, und daran hängend die beiden TEE-Fahrkarten, war nun also von der Glaubwürdigkeit meiner Aussage überzeugt und händigte mir die Fahrkarten aus. Ich rannte im Sturmschritt an die Bahnsperre, um den Zug gerade noch enteilen zu sehen.

Das war meine gerechte Strafe für die hinterlistige Absicht, Beden nach Colmar zu lenken, um auf solchem Wege nach Paris zu gelangen. Jetzt blieb uns nichts übrig, als über Freiburg schließlich in Straßburg viel zu spät einzutreffen, um noch nach Colmar zu kommen.

Übrigens hatten wir in Paris ein reizendes Hotel gegenüber der Bibliothèque Nationale, in der damals eine für mich hochinteressante Ausstellung von miniierten Manuskripten war. Auf meine Zimmerbestellung in jenem Hotel bekam ich abschlägigen Bescheid, worauf ich dort anfragte, ob sie mir in der Nähe eine andere Unterkunft nennen könnten, da ich täglich in der Bibliothèque Nationale zu arbeiten hätte. Nun schrieben sie, dann allerdings würden sie uns aufnehmen, denn gerade für solche Fälle reservierten sie ihren Klienten die Zimmer!

Nach mehrjährigen Ferien auf der Wengern Alp dachten wir an eine Abwechslung, und da uns jemand von einem neueröffneten Hotel, antik möbliert und sehr kultiviert, in wundervoller Lage im Tessin, erzählt hatte, schrieben wir dorthin, bekamen auch Quartier, und alles war gerade so, doch ganz anders! Die antiken Möbel waren Gebrauchtmöbel, als Portier empfing uns ein schlurfender Pantoffelträger, eigentlich Kunstmaler, dessen Antezedenzien uns wohl vertraut waren. Das Hotel bestand aus einem ehemaligen Palästchen, die Privatbäder waren Duschen, und das Ganze hatte den Charakter von »wenn's geht, dann geht's«. Die Besitzerin stammte aus bestrenommierten Schweizer Industriekreisen, hatte eine reizende Tochter, die aushalf, wenn das Personal streikte, was häufiger der Fall war. Dann servierte diese junge Dame mit schwerer, durchaus echter Perlenkette, und irgendwie war die ganze Angelegenheit sowohl dilettantisch wie peinlich.

Im folgenden Sommer begaben wir uns erstmals nach Cademario, in ein dem Bircher-Benner-Vorbild nachgeahmtes Sanatorium, das mit einem einzigen Kranken, den sein Arzt persönlich herauftrug, einstmals begonnen hatte und schon lange bekannt war für Naturheilverfahren. Man konnte ärztliche Hilfe in Anspruch nehmen, war aber hierzu nicht verpflichtet. Die Natur war sowohl großartig wie heilsam, die Einrichtung einfach, das Essen gut und bekömmlich und die Lage überaus herrlich. Die abendlichen Veranstaltungen, Volkslieder und Volkstänze, dienten allgemeiner Belustigung, aber verpflichteten niemand, mitzutun. Jeden Morgen führte der Begründer des Sanatoriums, Dr. Keller, trotz hohen Alters ein Trüppchen eifriger Läufer und Turner auf einen nahen Hügel zur Frühgymnastik vor Einnahme des Frühstücks mit obligatem Bircher-Benner-Müsli! Es gab viele Stammgäste, ein internationales Publikum aus allen Gesellschaftsschichten. Uns trugen die Aufenthalte die Freundschaft mit einer Berliner Schauspielerin ein.

Späterhin, als wir noch älter geworden waren und uns die Reise bis ins Tessin zu beschwerlich wurde, führte uns ein glücklicher Zufall in ein mit Taxi von unserer Wohnung aus erreichbares Eldorado im Grünen, mitten in den herrlichsten Wäldern. Dorthin kehrten wir beide immer wieder, und auch nach Bedas Ableben blieb ich jener Stätte vieler gemeinsamer Spaziergänge und gemeinsamer Freude an den Schönheiten der Natur treu, so daß ich dort fünfundzwanzigjähriges und dreißigjähriges Jubiläum feierte. Als wir das erste Mal im »Bergfrieden« einkehrten, waren die beiden Töchter des Hauses erst wenige Jahre alt und kamen in ihren Schlafanzügen zum Gutenachtsagen. Jahr für Jahr sahen wir sie aufwachsen. Heute ist die Älteste schon seit mehreren Jahren in England verheiratet, und die Jüngere, die als Heranwachsende einem zierlichen, scheuen Rehkitz glich, steht im Berufsleben. Vor einigen Jahren haben die Besitzer des Hotels sich nach ihrer Heimat im Schwabenland zurückgezogen. Seitdem hat es für mich nicht mehr denselben Charme, der von der ganzen Familie ausging, auch wird jetzt in eifriger Bautätigkeit der Wald mit seinem wundervollen Baumbestand, seiner Einsamkeit und Stille zu einem kleinstädtischen Betrieb verwandelt. Es mag an mir liegen, aber für mich sind Zauber und Frische dieses grünen Juwels zerronnen.

Vielleicht bin ich zu alt, zu wenig wegefähig und zu einsam geworden, um noch Freude an den vielen, vielen Schneisen zu empfinden, den Vögeln, deren Gezwitscher ich einst besser wahrnahm, und der Waldeinsamkeit, die mich entzückte! Solange Beda noch in seinen späten Jahren, unter der großen Linde auf der roten Bank sitzend, meine Heimkehr vom Spaziergang erwartete, war es schön, warm und gemütlich. Aber dann allein die Bank passieren zu müssen und zu wissen, daß er nie mehr unter der Linde sitzen und auf mich warten wird, das ist bitter!

Wir feierten in München Bedas achtzigsten Geburtstag. Es wurde ein Galadiner im Separatzimmer bereitet, so wie es Bedas würdig war. Das Menu ist mir entfallen – er hätte es noch heute gewußt. Wir waren eine Tafel von etwa einem Dutzend Personen, und jeder brachte dem Jubilar ein Ehrengeschenk mit. Der Clou dieser Gaben war ein kleines, in feinstes dunkelrotes Saffianleder gebundenes Bändchen, das den Titel trug »Liber Librorum«, ein Verzeichnis der Bücher, Aufsätze und Rundfunklesungen von Beda und mir, zum 25. März 1964. Eine Bildniszeichnung Bedas von unserem Freunde Klaus leitete das Bändchen ein.

Den Anfang machte Bedas Doktordissertation aus dem Jahre 1907. Dann folgten 1929–1930 Einträge über kleine Arbeiten aus meiner Feder. Seit dem Jahre 1935 erschienen, dank Bedas Suspendierung, ständig gemeinsame Arbeiten von ihm und mir. Die Nazis hatten es also fertiggebracht, daß unsere geistige Potenz in unteilbarer Gemeinsamkeit am Werk war. Das ging so bis zum Ende des Dritten Reiches, nur daß zwei in Amsterdam 1941 und 1942 erschienene Bücher über antike Münzkunst meinen Namen nicht mehr trugen. Nach dem Ende des Dritten Reiches erarbeiteten wir dann gemeinsam die italienischen Sonettenübertragungen, von denen bereits die Rede war. Im Jahre 1951 erschien die erste Fassung der »Kulinarischen Lehrjahre des Beda von Müller« unter dem Titel »Gesegnete Mahlzeit« und wurde zweimal in Kochkunst-Ausstellungen prämiert. Nun schrieb zwar jeder wieder für sich, aber einer half dem anderen mit Rat und Tat. Im Jahre 1956 erschienen als Reclam-Bändchen Bedas wundervolle Nachdichtungen des »Canzoniere« von Petrarca, versehen mit einem längeren Vorwort von mir. Einer unserer Freunde – es war Eckart von Naso, der bekannte Literat – sagte damals: »Nun habt Ihr den Ruhm der Unsterblichkeit erreicht, Reclam ist das Zeichen klassischer Reife!« Im Jahre

1962 erschien die zweite Auflage von Bedas »Kulinarischen Lehr- und Wanderjahren«, 1963 folgten Rundfunklesungen aus diesem Buche, die in jüngster Zeit wiederholt wurden. Mit den Nachdichtungen der Gaspara Stampa und Petrarcas und seinem »Beda von Müller« hat sich Beda den Lorbeer der Unsterblichkeit errungen. Was von meiner Produktion überleben wird, das dreibändige deutsche Buchillustrationswerk, die Geschichte der deutschen Almanache und Taschenbücher und das Buch über Wandteppiche für eine Fürstin, bleibe dahingestellt. Am wichtigsten dünkt mich neben diesen solid fundierten Fleißarbeiten die neue Interpretationsmethode für Kunstwerke an der Wende von Mittelalter und Neuzeit, aufgezeigt am oeuvre von Neithard-Grünewald und den Kupferstichen Albrecht Dürers.

Die Freude über unseren literarischen Kinderpark war groß und der Gedanke der Zusammenstellung eine schöne und liebevolle Geste des Verständnisses für unser gemeinsames Tun und Treiben.

Beda, nicht mehr Beda und dennoch Beda

Seit dem 80. Geburtstag kränkelte Beda und wollte am liebsten still in seinem tiefen Sessel sitzen, sein Brevier lesen und seine Tage in Frieden verbringen. Immer noch kam er zu mir in die Küche, gab Ratschläge oder beteiligte sich auch gelegentlich an der Bereitung der Mahlzeiten. Aber er war müde! Noch etwa ein Jahr lang hat er mittels Taxis Delikatessen eingeholt, doch nach und nach fiel ihm alles schwer und schwerer. Er klagte und jammerte nie, aber man sah es ihm an. Als dann ein kleiner Altershautkrebs auftrat und bestrahlt wurde, ging es mit ihm ständig zurück. Schon vor Jahresfrist hatte er mich flehentlich gebeten, doch abends zu Hause zu bleiben. Ich besuchte gelegentlich noch unsere Bach-Konzerte und kam mittels Taxi rasch zu ihm zurück. Scherzend sagte ich, als wieder ein Konzert am Horizont drohte, ehe ich die Bibliothek aufsuchte: »Ja, wenn wir einen Fernseher hätten, wäre das was anderes!« Als ich nach Hause kam, stand ein Fernseher fix und fertig montiert in unserem großen Raum, und von da an blieb ich auch abends zu Hause.

Diese letzten Jahre waren traurig, und Bedas langsames Hinsiechen, das er sehr tapfer ertrug, stellte uns beiden noch einmal eine zu bewältigende Aufgabe, aber wir dachten an die vielen gemeinsamen Jahre in guten und schlechten Zeiten zurück und waren dankbar für alles, was das Leben uns gebracht hatte.

Es kam ein Sonntagmorgen. Wir, meine Hilfe und ich, hatten Beda für den Tag zurechtgemacht, und er saß in seinem großen Sessel, angetan mit dem flauschigen Burnus, den er ständig trug. Nachdem er sein Frühstück zu sich genommen hatte, schlief er still vor sich hin, wie ich meinte. Doch als Besuch erschien und ich versuchte, ihn zu wecken, konnte ich es nicht, und mir wurde unheimlich. Beide Ärzte, die ihn betreuten, sein ihn seit Jahren versorgender Internist und der wegen eines gestauchten Armbruches zugezogene Chirurg, waren nicht zu erreichen, aber die Vincentinerin, die uns in allen Krankheiten pflegte, kam und war sich klar, daß hier umgehend ein Arzt geholt werden müsse. Ich bekam über den Polizeidienst einen Arzt, der die Verlegung ins Krankenhaus wünschte. Als ich ihm sagte, daß der Patient gerne zu Hause sterben möchte, gab er ein Mittel, das Beda zurückrief. Die Vincentinerin kehrte gegen Abend wieder, in Begleitung von Bedas geistlichem Betreuer. Wir hatten Beda zu Bett gebracht, und nun umstanden wir sein Lager und sprachen mit ihm die Sterbegebete.

Er war sich völlig klar über sein nahes Ende, obwohl der Pfarrer ihm tröstlich versicherte, daß er schon manchen zum Tode versehen habe, der dann noch jahrelang weiterlebte. Es dauerte noch einen Tag und zwei Nächte, dann war es vorüber. – Beda war nicht mehr.

War er wirklich nicht mehr? Gibt es nicht etwas, das uns überlebt? Ist nicht all unser Mühen auf dieses Überlebende ausgerichtet? Und was sind wir Menschen denn? Es beginnt mit dem Klümpchen Fleisch und wird und wächst und wirkt und vergeht. Sinkt zusammen ins Zeitlose und Raumlose.

Solange aber ein Mensch noch seiner gedenkt oder seiner wieder gedenkt, ist er noch oder wieder im Leben!

Es war mir eine schwere Pflicht, das Begräbnis mitzumachen, denn es war dies der Abschied von dem Teil des Menschentums, das uns beide am wenigsten verbunden hat. Das andere Teil, das uns so innig und dicht miteinander verwob, blieb unangetastet von dem, was da unten am Erdboden geschah!

Droben aber sang und sang ein zeisiggrüner Pirol. Er sang während der Rede des Geistlichen und weiterer Reden. Sein Lied blieb das Unvergeßliche dieser Beerdigung, die durch ihn so schön wurde wie unser langes gemeinsames Leben.

Beda, lieber Beda, ich danke Dir!